Kein Kinderkram!

Die Erzieherinnen- und Erzieherausbildung in Lernfeldern

Arbeitsheft 1

von

Kurt-Helmuth Eimuth

Ingrid Rauner

Bianca Ribic

westermann

Auf verschiedenen Seiten dieses Buches befinden sich Verweise (Links) auf Internetadressen.

Haftungshinweis: Trotz sorgfältiger inhaltlicher Kontrolle wird die Haftung für die Inhalte der externen Seiten ausgeschlossen. Für den Inhalt dieser externen Seiten sind ausschließlich deren Betreiber verantwortlich. Sollten Sie bei dem angegebenen Inhalt des Anbieters dieser Seite auf kostenpflichtige, illegale oder anstößige Inhalte treffen, so bedauern wir dies ausdrücklich und bitten Sie, uns umgehend per E-Mail davon in Kenntnis zu setzen, damit beim Nachdruck der Verweis gelöscht wird.

1. Auflage, 2007

Westermann Schroedel Diesterweg Schöningh Winklers GmbH, Braunschweig
www.westermann.de

Lektorat:	Gabriele Holler
Redaktion:	Susanne Stucki
Verlagsherstellung:	Harald Kalkan
Satz:	Fehmer, Grafik & Layout, Cremlingen
Druck und Bindung:	westermann druck GmbH, Braunschweig

ISBN 978-3-8045-9611-5

Vorwort

Mit dem zweibändigen Kompendium „Kein Kinderkram!" haben die Autorinnen und Autoren aus der Praxis der Fachschulen ein Kompendium vorgelegt, das sich an Lernfeldern orientiert. „Kein Kinderkram!" hat den Einzug in die Ausbildung der Erzieherinnen und Erzieher gefunden. Mit den beiden vorliegenden Arbeitsheften folgt der Verlag der Bitte vieler Dozentinnen und Dozenten nach weiteren Anregungen zur Vertiefung der Inhalte aus „Kein Kinderkram!".

In diesen Arbeitsheften spiegeln sich auch Entwicklungen wider, die sich in den letzten drei Jahren ergeben haben. Denn neben der politischen Diskussion gab es auch eine Auseinandersetzung um die Inhalte der frühkindlichen Bildung, die beispielsweise zu Bildungsplänen in den Ländern führte.

Die einzelnen Themen ermöglichen aber nicht nur eine vertiefende Information; vielmehr verstehen sie sich als (Denk-)Anstoß. Methodisch folgen sie damit vor allem dem Konzept des Kooperativen Lernens. Immer wieder ist deshalb der Dreischritt Denken – Austauschen – Präsentieren in der Aufgabenstellung verwendet worden [1]. Zunächst sollen die Studierenden für sich den Sachverhalt durchdenken. Dann werden in einer Partner- oder Gruppenphase die einzelnen Ergebnisse diskutiert und die Resultate ausgetauscht. Die Gruppenergebnisse werden dann in der Klasse vorgestellt, diskutiert, verbessert und korrigiert. Auch für die Präsentation gilt das Prinzip, dass alle sich auf diese vorbereiten, so dass alle Studierenden den Sachverhalt so durchdringen, als ob sie ihn präsentieren müssten.

Ein einfaches aber wirksames Prinzip. Die eher stillen Studierenden bekommen einen definierten Rahmen zum Nachdenken und können sich in der Austauschphase unterstützen. Schließlich lernen Kinder – wie die Lernforschung zeigt – zu 80 Prozent von Gleichaltrigen. Für junge Erwachsene dürfte das auch gelten. Im Ablauf ist deshalb darauf zu achten, dass jeder Studierende mit der Aufgabe alleine gelassen wird. Erst in der zweiten Phase, im Austausch, kommt der vertiefende Dialog. Aber auch hier geht es darum, alle zu beteiligen. Entsprechende Diskussionsregeln helfen dabei. Im Austauschprozess werden die kommunikativen Fähigkeiten der Studierenden gefördert. Wer Informationen will, muss zuhören, verstehen, verarbeiten. Wer die Informationen weitergeben will, muss das Gehörte selbst durchdringen und mit seinem eigenen Wissen und seinen eigenen Erfahrungen in Einklang bringen.

Wir haben die Erfahrung gemacht, dass die Studierenden mit dieser Methode erfolgreicher lernen. Sie entwickeln nicht nur Sozialkompetenzen, sondern erweitern auch ihre fachlichen und methodischen Fähigkeiten. Das Kooperative Lernen möchte zwar in erster Linie die Studierenden aktivieren, ermöglicht aber trotzdem einen Vortrag der Dozentinnen und Dozenten, das Zeigen eines Films oder auch das Experimentieren. Das Konzept des Kooperativen Lernens steht also nicht per se für Gruppenarbeit, sondern für eine Integration aller Arbeitsformen.

Die Ergebnisse der Hirnforschung und der pädagogischen Psychologie belegen, dass die Studierenden das im Unterricht präsentierte Wissen nicht einfach übernehmen. Jeder Lernende muss die angebotene Information individuell verarbeiten und in seine Wissensstrukturen integrieren. Lernen ist somit eine individuelle Konstruktionsleistung. Man könnte auch sagen: Lernen im Erwachsenenalter geschieht ebenso wie im Kindesalter durch Co-Konstruktion. Auch das Kooperative Lernen will das neue Wissen mit dem Vorwissen vernetzen, in Kommunikation mit anderen die Ergebnisse überprüfen und das Gelernte bewusst wahrnehmen. Das alles soll in einer angenehmen Lernumgebung geschehen, um Sicherheit zu gewinnen.

Sicherlich ist es hilfreich, wenn die Unterrichtenden sich mit der Methode des Kooperativen Lernens auseinandersetzen. Gleichwohl ist das Arbeitheft auch ohne besondere Kenntnis dieser Methode gut zu nutzen. Die einzelnen Anweisungen zu den Aufgaben wurden so abgefasst, dass sie auch ohne spezielles Hintergrundwissen gut zu verstehen sind.

Bildung ist Anstrengung. Aber Anstrengung kann auch Spaß machen. Wir sind überzeugt, dass so gesehen die folgenden Seiten viel (anstrengendes) Vergnügen bereiten.

Kurt-Helmuth Eimuth , Ingrid Rauner, Bianca Ribic

[1] vgl.: Ludger Brüning/Tobias Saum: Erfolgreich unterrichten durch Kooperatives Lernen. Strategien zur Schüleraktivierung, Neue Deutsche Schule Verlagsgesellschaft 2006

Legende

Bd 1, LF
Kap.

Lesen Sie das entsprechende Kapitel in den Schülerbänden zu „Kein Kinderkram!“ nach. Dort finden Sie Hintergrundinformationen zum Thema.

Lösen Sie diese Aufgabe alleine.

Lösen Sie diese Aufgabe mit einer/einem Mitstudierenden gemeinsam. Tauschen Sie Ihre Eindrücke aus.

Lösen Sie diese Aufgabe in der Gruppe. Diskutieren Sie verschiedene Perspektiven. Achten Sie darauf, dass auch „stillere“ Mitstudierende ihren Standpunkt äußern.

Stellen Sie Ihre Ergebnisse vor und diskutieren Sie in der gesamten Klasse. Die Lehrkraft moderiert und sorgt für die Zusammenfassung von Ergebnissen. Sie greift bei Fehlinterpretationen korrigierend ein.

Methodenhinweis

Hier werden Unterrichtsmethoden knapp erläutert bzw. didaktische Hinweise gegeben.

Bildquellen

Brot für die Welt, Stuttgart: 46.1;
Deutsche Bahn, Berlin: 80.1;
Fotodesign Hefele, Darmstadt: Titel;
Holler, Gabriele, Rödermark: 64.1;
Kottmann, Corinna, Lage-Hörste: alle Illustrationen;
RAA NRW, Essen: 100.1;
Ribic, Bianca, Düsseldorf: 56.1, 90.1;
Science Photo Library / Agentur Focus, Hamburg: 54.1;
Stadt Monheim, Monheim am Rhein: 100.2;
Streano, Vince / CORBIS, Düsseldorf: 102.1;
Türkisch Deutsche Gesundheitsstiftung e. V., Gießen: 100.3;
Winter, Anton /wikipedia: 54.2;
Zimmermann, Stefan, Göttingen: 63.1;

außerdem in dieser Reihe erschienen:

Arbeitsheft 2
zu „Kein Kinderkram!“ Band 2

Anja Berkemeier, Kurt-Helmuth Eimuth,
Volker Fischer, Gabriele Holler, Anita Hüseman,
Michael Ott

ca. 120 Seiten, 2-farbig, A4
Bestellnummer: 239613
erscheint im August 2007

Die Impulse in Arbeitsheft 2 beziehen sich zum einen auf das Lernfeld „Entwicklung und Bildung fördern“, mit Anregungen zu den Themenfeldern Sprachförderung, Spielpädagogik, Kinder- und Jugendliteratur, Theater - Musik-Tanz, Kreativitätsförderung und mehreren Impulsen zu naturwissenschaftlichen Themen. Zum Lernfeld „Professionalisierung des Berufsbilds“ gibt es wertvolle Impulse für Ihren Unterricht zur Entwicklung einer Vision des Erzieherinnenberufs, zu Teambesprechungen und Teamentwicklung, zu Erwartungen von und Kommunikation mit Eltern, zu Qualitätssicherung und weiteren spannenden Aspekten Ihres künftigen anspruchsvollen Berufes.

Inhalt

Lernfeld 1: Auseinandersetzung mit der zukünftigen Berufsrolle

Lernfeld 2: Beziehungen wahrnehmen – Beziehungen aufbauen

Lernfeld 3: Entwicklung eines Konzepts pädagogischen Handelns

Lernfeld 1: Auseinandersetzung mit der zukünftigen Berufsrolle

Jmpuls 1: Die ersten Jahre sind entscheidend

Berliner Rede von Bundespräsident Horst Köhler

d 1, LF 1
ap. 2.3

I „Lernen ist die Vorfreude auf sich selbst"
(Peter Sloterdijk)

„Die ersten Jahre sind entscheidend: Vieles lernt ein kleines Kind leichter als ein Jugendlicher oder ein Erwachsener; und viele Lernfähigkeiten bilden sich im Lauf der Zeit wieder zurück. „Lernen" - so der Philosoph Peter Sloterdijk „ist die Vorfreude auf sich selbst." Wer einmal mit kleinen Zuschauern die „Sendung mit der Maus" gesehen hat, wer einmal Kinder beim Theaterspiel beobachtet hat, wer ihren spielerischen Schaffensdrang miterlebt hat, wird diesen Satz bestätigen. Und es ist gut, dass wir jetzt auch die frühen Jahre der Kindheit als „Lernzeit" entdecken - als eine Zeit, in der kleine Menschen spielerisch herangeführt werden können an Phänomene der Natur, an logische Zusammenhänge, an musisches Erleben, an die Bedeutung von Sprache.

Wer früh erfährt, wie spannend es ist, immer wieder Neues zu lernen, dem wird es leichter fallen, offen und neugierig zu bleiben - ein Leben lang. Darum brauchen wir gute Bildungsangebote schon in der frühen Kindheit und ein enges Zusammenwirken von Kindertagesstätten und Schulen. Bessere frühkindliche Bildung ist im übrigen auch ein Gebot der Chancengerechtigkeit: Gerade benachteiligte Kinder profitieren davon, wenn sie möglichst frühzeitig in den Kindertagesstätten gefördert werden - vor allem beim Umgang mit der deutschen Sprache. Deshalb: Ich bin für ein verpflichtendes und möglichst kostenfreies letztes Kindergartenjahr. Und ich bin für verpflichtende Sprachprüfungen vor dem Schuleintritt. Gute Deutschkenntnisse sind nun einmal unersetzlich für den Schul- und damit für den Bildungserfolg."(...)

II Bildung kostet Geld

(...) Wenn es um Bildung geht, muss auch über Geld gesprochen werden. Das war übrigens schon zu Humboldts Zeiten so. Seine Heimat, Preußen, war damals von Napoleon besiegt, war halbiert und finanziell ausgeblutet. Aber Preußen und später ganz Deutschland wurde ein „Schulstaat" - gegen alle Widerstände von Eltern, die glaubten, das Leben sei ihren Kindern Lehrmeister genug; gegen den Widerstand der Städte und Gemeinden, denen ganzjährige statt der bisherigen „Winterschulen" zu teuer waren - gegen den Widerstand von Unternehmern, die von Kinderarbeit profitierten. Hier in Berlin waren die Volksschulen 1840 noch vierklassig und kosteten Schulgeld, 15 Jahre später waren sie achtklassig und schulgeldfrei. Das Gymnasium wurde aus dem Muff der alten Lateinschulen neu erschaffen, und Preußen gründete die Berliner Universität, die heute Humboldts Namen trägt.

Und was ist uns heute Bildung wert? Nur jeder zehnte Euro, den die öffentliche Hand in Deutschland ausgibt, fließt ins Bildungssystem. Bei den Ausgaben für die allgemein bildenden Schulen liegen wir deutlich unter dem Durchschnitt der OECD-Länder, und der Abstand hat über die letzten Jahre zugenommen.

Warnen möchte ich in diesem Zusammenhang vor dem Trugschluss, wir könnten das Problem durch eine bloße Umverteilung innerhalb der Bildungsausgaben lösen. So richtig es ist, dass wir mehr Geld für frühkindliche Bildung und Erziehung ausgeben müssen, so falsch wäre es, dafür beispielsweise die Hochschulausgaben zu kürzen. Wir brauchen angemessene Finanzmittel für alle Bereiche des Bildungswesens, denn unsere Bildungsausgaben sind insgesamt zu niedrig. Für genauso kurzsichtig halte ich die Vorstellung, man könnte sinkende Schülerzahlen zum Anlass nehmen, um die Ausgaben für Schule und Bildungswesen zu kürzen. Der demographische Wandel muss für die

Schule, für das Bildungswesen, als zusätzliche Chance genutzt werden. Sinkende Schülerzahlen eröffnen finanzielle Spielräume und neue Gestaltungsmöglichkeiten. Machen wir was daraus!

Ich weiß um die schwierige Kassenlage der Länder, und ich kenne die Nöte der Haushaltspolitiker. Aber ohne ausreichende und effektive Bildungsausgaben wird der Weg zu gesunden Staatsfinanzen noch schwieriger. Deshalb müssen wir den Mut und die politische Kraft haben, anderes zugunsten der Bildung zurückzustellen. Bildung ist die wichtigste Investition, die unsere Gesellschaft und jeder Einzelne tätigen kann. Wer an der Bildung spart, spart an der falschen Stelle. „Es gibt nur eine Sache auf der Welt, die teurer ist als Bildung - keine Bildung." (John F. Kennedy)" (Berliner Rede von Bundespräsident Horst Köhler in der Kepler-Oberschule in Berlin-Neukölln am 21.09.2006)

1 Notieren Sie, welche politische Kompetenz der Bundespräsident als erster Mann im Staat hat. Tipp: Lexika oder Bücher aus dem Politikunterricht nutzen. Mehr zu Amt und Funktion erfahren Sie unter www.bundespraesident.de.

a) Tauschen Sie sich mit ihrer Nachbarin, ihrem Nachbarn aus. Was wollte der Bundespräsident bewirken? Hat er es bewirkt? Welche Macht hat ein Bundespräsident?

b) Tragen Sie die Ergebnisse im Unterrichtsgespräch zusammen. Halten Sie diese dann an der Wandzeitung oder an der Tafel fest.

2 Lesen Sie den Abschnitt „Lernen ist die Vorfreude auf sich selbst" durch und markieren Sie dabei Argumente (Schlüsselbegriffe) des Bundespräsidenten für die frühkindliche Bildung.

a) Welche konkreten Forderungen erhebt Horst Köhler?

b) Schreiben Sie auf, was gegen die Forderungen von Horst Köhler sprechen könnte und befestigen Sie Ihre Antworten an der Pinnwand.

c) Ordnen Sie die Antworten und finden Sie gemeinsam übergeordnete Kategorien.

3 Lesen Sie den Abschnitt II „Bildung kostet Geld" und markieren Sie wichtige Passagen.

a) Klären Sie alle wichtigen Begriffe und Bezeichnungen in Zweiergruppen.

b) Erläutern Sie sich in der Klasse die unklaren Begriffe mit Unterstützung Ihres Lehrers.

4 Recherchieren Sie, welche Position die in ihrer Gemeindevertretung vertretenen Parteien zu Kindergarten und der Betreuung der unter Dreijährigen haben. Hierbei können Sie auch arbeitsteilig vorgehen. So kann jede Gruppe etwa den Standpunkt einer Partei darstellen. Um die Standpunkte besser vergleichen zu können, ist es besser, zuvor ein Frageraster zu erarbeiten, wie es in der Tabelle vorgegeben ist.

a) Sammeln Sie die Ergebnisse Ihrer Recherche und erarbeiten Sie eine Matrix.

Fragen	CDU	SPD	Partei X	Partei Y
Wie hoch soll der Deckungsgrad des Angebotes für unter Dreijährige sein?				
Was soll ein Kindergartenplatz die Eltern kosten?				

b) Stellen Sie Ihr Ergebnis in Beziehung zu den Forderungen Köhlers.

5 Wie sieht Ihre Kommunalpolitik die aktuelle Situation der Kindergartenbetreuung für unter Dreijährige?

a) Erstellen Sie einen Fragenkatalog, in dem Sie Fragen an einen Kommunalpolitiker formulieren.

b) Sammeln Sie die Fragen der Gruppen und sortieren Sie diese. Ähnliche Fragen können zusammengefasst werden.

c) Schreiben Sie einen Brief an den zuständigen Abgeordneten Ihrer Kommune und legen Sie Ihren Fragenkatalog bei.

Jmpuls 2: Auswahl einer Praxisstelle

Zirafeta sucht eine Praxisstelle

Bd 1, LF 1
Kap. 2.6

Zirafeta hat ihre Ausbildung zur Sozialassistentin abgeschlossen. Während der Ausbildung absolvierte sie vier Praktika in unterschiedlichen Einrichtungen. Sie hat eine katholische Kindertagesstätte und einen städtischen Hort in einem Brennpunktviertel kennen gelernt. Die beiden Praktika haben ihr gut gefallen, sie findet, dass sie dort viel gelernt und wichtige Erfahrungen für den Beruf gesammelt hat. Sie hat eng mit den Kindern gearbeitet und die Erzieherin der Gruppe aufmerksam bei der pädagogischen Arbeit beobachtet.

Ihr letztes Praktikum war allerdings ein Reinfall! Sie absolvierte ihr Praktikum in dem Kindergarten, den sie selbst als Kind besucht hatte. Damals war sie gerade von Bosnien nach Deutschland gekommen, sprach noch sehr wenig Deutsch und weinte oft. Nur langsam gewöhnte sich Zirafeta an die neue Umgebung und lernte die deutsche Sprache. Wenn sie heute an ihre Kindergartenzeit zurückdenkt, hat sie gemischte Gefühle dabei.

Zum Glück ist das schon eine ganze Zeit her und die Erzieherinnen von früher arbeiten nicht mehr dort – bis auf Frau Wehner, eine etwa 55 Jahre alte Kinderpflegerin. Das Praktikum absolvierte Zirafeta dann auch ausgerechnet in ihrer „alten" Kindergartengruppe, in der auch Frau Wehner noch arbeitete. In der Zeit des Praktikums duzte sie Zirafeta und fragte sie oft, ob sie sich noch an die Kindergartenzeit erinnern könne.

Die Erzieherin Frau Rudolf, die erst seit drei Jahren in der Einrichtung arbeitete, siezte Zirafeta und fragte, ob sie denn jetzt gut Deutsch sprechen und schreiben könne – das sei für die Ausbildung ja sehr wichtig. Frau Wehner hatte der Erzieherin von Zirafetas anfänglichen Schwierigkeiten als Kind in der Einrichtung erzählt.

Zirafeta wurde in dem Praktikum von Frau Wehner angeleitet und von Frau Rudolf, der stellvertretenden Leiterin, die viele organisatorische Dinge zu erledigen hatte. Zirafeta bemühte sich sehr und ärgerte sich nicht, wenn die Kinderpflegerin wieder sagte, „Ach, das hast du früher auch schon so gemacht!". Zirafeta konnte bei Frau Rudolf wenig geplante Aktivitäten mit den Kindern beobachten und im Freispiel der Gruppe war Frau Rudolf häufig im Büro der Leiterin zu Besprechungen.

So geht das nicht mehr, denkt Zirafeta, beim nächsten Mal muss ich besser aufpassen, wenn ich mir eine Praxisstelle suche!

1 Überlegen Sie, was für Zirafeta im letzten Praktikum schwierig war und warum.

a) Denken Sie darüber nach, ob Ihnen auch schon eigene Erlebnisse dieser Art passiert sind. Wie sind Sie mit dieser Situation umgegangen? Schreiben Sie in Stichworten Ihre Erlebnisse auf.

b) Welchen allerersten Ratschlag würden Sie Zirafeta geben? Schreiben Sie diesen auf eine Karteikarte und tauschen Sie sich mit einem Partner/ einer Partnerin aus Ihrer Klasse aus.

c) Anschließend hängen Sie alle Ratschläge in der Klasse aus.

d) Schreiben Sie jeder drei Ratschläge ab, die Ihnen gut gefallen und die Sie bei der nächsten Suche nach einer Praxisstelle beherzigen wollen.

2 Wie sind Sie bisher an die Auswahl und Suche nach einer Praxisstelle herangegangen?

Methodenhinweis

Legen Sie für die Lösung der Aufgabe einen blauen, grünen und roten Stift bereit.

a) Schreiben Sie in Stichworten auf, welche Schritte Sie unternommen haben und welche Kriterien Ihnen bei der Auswahl wichtig waren.

b) Beurteilen Sie den Erfolg, den dieses Vorgehen hatte.

c) Schreiben Sie in der folgenden Tabelle auf, was Sie hilfreich (+) und schwierig (-) bei der Auswahl einer Praxisstelle fanden. Schreiben Sie mit einem blauen Stift.

Hilfreich war.../ +	Schwierig war.../ -

d) Suchen Sie sich nun eine/n Partner/in aus Ihrer Klasse und berichten Sie über Ihre Erlebnisse bei der Praxisstellensuche.

e) Vergleichen Sie dann Ihre Tabellen. Markieren Sie gleiche Punkte mit grüner Farbe. Ergänzen Sie unterschiedliche Punkte mit rotem Stift.

3 Erstellen Sie in Partnerarbeit eine Anleitung für eine angehende Erzieherin, die sich gerade an Ihrer Fachschule angemeldet hat und noch nicht weiß, wie sie eine Praxisstelle suchen soll.

a) Schreiben Sie schrittweise auf, was zu tun ist.

Hinweis

Verwenden Sie Ihre Aufzeichnungen aus Aufgabe 1 und 2 als Hilfestellung.

b) Stellen Sie der Klasse diese Schritte vor, zum Beispiel als Tafelbild oder mithilfe farbiger Karten, auf die Sie Stichworte schreiben.

4 Welche Standards sollte eine Einrichtung haben, in der Sie ein Praktikum erfolgreich absolvieren können? Benennen Sie Elemente, die Sie wichtig finden und tragen Sie diese in das „Praxishaus" ein. Die wichtigsten Dinge sollten das Fundament für Ihr Praktikum bilden. Weniger wichtige Standards dürfen in den Dachboden – manchmal kann man darauf verzichten.

Suchen Sie sich drei Mitstudierende, mit denen Sie noch nicht oft zusammengearbeitet haben.

a) Stellen Sie nacheinander Ihr Praxishaus vor und sammeln Sie weitere Elemente, die die Mitstudierenden wichtig finden.

b) Erstellen Sie gemeinsam eine „Traumeinrichtung" auf Wandzeitung und schreiben Sie die Standards dieser Einrichtung auf Karteikarten.

c) Stellen Sie im Plenum Ihre Einrichtung vor und begründen Sie, warum sie diese Standards erfüllen sollte.

5 Wie gestaltet sich die Realität?

a) Suchen Sie im Internet nach Tageseinrichtungen und anderen Betreuungsformen für Kinder.
b) Entscheiden Sie sich für eine Einrichtung, die Sie anspricht und für eine, in der Sie eher ungern Ihr Praktikum machen wollen.
c) Vergleichen Sie beide Einrichtungen mit Ihrer „Traumeinrichtung" und benennen Sie fünf Mindestanforderungen, die Ihre nächste Einrichtung erfüllen sollte.
d) Schreiben Sie diese in Ihren Praxisordner und berücksichtigen Sie die Anforderungen bei der nächsten Praxisstellensuche.

6 Du oder Sie?

Zirafeta war als Kind in der Einrichtung und wurde im Praktikum weiterhin geduzt. Beide Anredeformen – „Du" oder „Sie" können Ausdruck von gelingenden und misslingenden Beziehungen sein.

a) Nennen Sie sechs Gründe, warum Sie geduzt werden sollten.

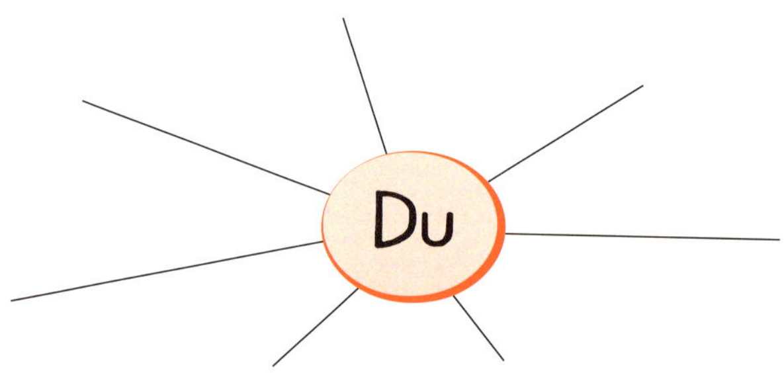

b) Nennen Sie sechs Gründe, warum Sie gesiezt werden sollten.

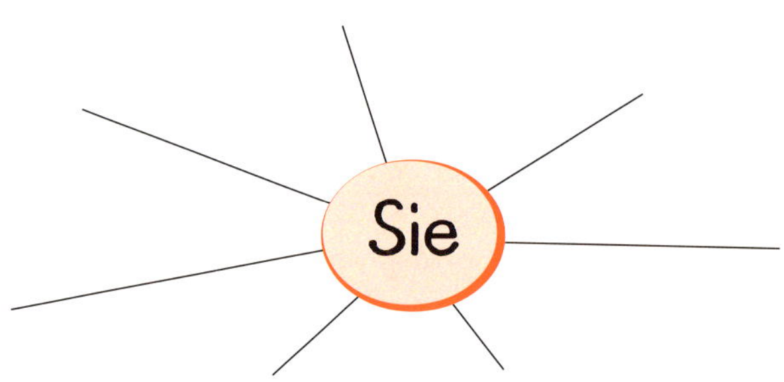

c) Vergleichen Sie die Sammlungen mit Ihrer/Ihrem Nachbarn/in und markieren Sie Übereinstimmungen.

d) Diskutieren Sie über Ihre Ergebnisse im Klassenverband.

7 Auch Einrichtungen haben Erwartungen - und zwar an Sie.

a) Lesen Sie sich die folgende Wunschliste aus einer Einrichtung für Kinder durch.

„Unsere Wunschpraktikantin
- ist freundlich
- ist pünktlich
- ist selbständig
- ist hilfsbereit
- kennt und verwendet höfliche Umgangsformen
- zeigt Eigeninitiative
- will Kinder bilden und fördern
- kann Verantwortung übernehmen
- kann offen Kritik äußern und annehmen
- hat Interesse an der Arbeit
- hat einen guten Kontakt zu Eltern
- hinterfragt und fragt nach
- soll von sich aus die Arbeit sehen
- ist engagiert
- hat einen guten Kontakt zu Kindern und Mitarbeitern
- überschreitet ihre Kompetenzen nicht
- erledigt ihre schulischen Aufgaben
- kleidet sich angemessen."

b) Was können Sie davon bereits, wo müssen Sie noch üben?
Tragen Sie dies in die Tabelle ein. Sie müssen nicht jeden Punkt berücksichtigen.

Kann ich bereits...	**Sollte ich noch üben...**

c) Schreiben Sie drei Stärken auf, die Sie als Praktikantin mit in die Einrichtung bringen. Diese Stärken sollten Sie bei einem Vorstellungsgespräch wissen und benennen können.

1. ______________________________
2. ______________________________
3. ______________________________

d) Geben Sie Ihrem Tischnachbarn Feedback zu seinen drei Stärken.

Lernfeld 2: Beziehungen wahrnehmen – Beziehungen aufbauen

Jmpuls 1: Professionelle Beziehungsgestaltung

Tagesprotokoll einer Erzieherin

Bd 1, LF 2 Kap. 2

6:00 Uhr Der Wecker rasselt 6:30 Uhr mit dem Bus zum Kindergarten 6:45 Uhr Frühschicht beginnt	Montagmorgen. Ich hatte ein schönes Wochenende und freue mich auf meine Arbeit. Hoffentlich komme ich in dieser Woche endlich dazu, mich mit einzelnen in der Gruppe allein zu beschäftigen. Seit der Kindergarten schon um sieben Uhr öffnet, haben wir kaum noch Zeit dazu. Wir schließen jetzt erst um 18:00 Uhr. Zwei Stunden länger haben wir jetzt geöffnet, aber eine neue Erzieherin haben wir nicht bekommen, nur eine zusätzliche Praktikantin.
7:00 Uhr	Die ersten Kinder treffen ein. Wie immer sind sie nach einem Wochenende aufgeregt und haben viel zu erzählen. Alle möchten zuerst ihre Geschichte loswerden. Gerade diese ersten Minuten mit den Kindern mag ich sehr.
7:10 Uhr	Acht Kinder sind schon da. Lisa und Jannik kommen kurz nacheinander. Sie wollen nicht da bleiben, weil „ihre" Erzieherin, Frau Schlüter, noch nicht da ist. Lisa lässt sich von mir auf den Arm nehmen, aber Jannik klammert sich an seine Mutter. Sie hat keine Zeit, weil auch ihr Dienst um 7:45 Uhr beginnt. Luise, die diese Woche mit mir Frühdienst hat, muss Jannik festhalten, damit die Mutter gehen kann. Er schreit herzerweichend. Das geht jetzt schon seit drei Tagen so und wird wohl noch eine Weile dauern, bis er sich eingelebt hat. Obwohl ich schon ein paar Jahre im Beruf bin, nimmt mich eine solche Situation immer wieder mit. Inzwischen klingelt das Telefon. Ich laufe mit Lisa ins Büro. Sie lässt mich nicht los, läuft überall mit mir hin.
8:00 Uhr	Meine Kolleginnen aus der Spätschicht haben ihre Kinder abgeholt. Die Gruppen sind nun geöffnet. Jannik ist glücklich, dass seine Frau Schlüter endlich da ist. Jetzt ist er richtig fröhlich.
8:30 Uhr	Inzwischen sind 18 Kinder da. Julia will mit mir ein Spiel spielen.Eine Mutter hat noch eine Frage, in der Kuschelecke schreit Matteo. Julia quengelt. Ich vertröste sie auf gleich.
8:45 Uhr	Die meisten Kinder haben gefrühstückt. Sven hat keinen Hunger mehr, er soll sein Brot aber aufessen, sagt seine Mutter. Ich lasse ihn den Rest einpacken; wenn er es nicht später noch isst, muss ich unbedingt daran denken, der Mutter Bescheid zu sagen. Eine Tasse Milch kippt um. Lena ruft von der Toilette, und Katja kommt ganz aufgeregt von draußen angelaufen, sie muss mir unbedingt etwas zeigen. Wo ist denn Frau Schlüter? Ach ja, bei einer Dienstbesprechung im Jugendamt. Es geht um die Integration behinderter Kinder. Die so genannte Arbeitszeitverkürzung soll auch besprochen werden. Wahrscheinlich kommen wieder Springkräfte dabei heraus, die doch nie da sind, wenn wir sie brauchen.

	Ich bin ja für die Integration behinderter Kinder. Aber wie wir das alles schaffen sollen, ist mir schleierhaft.
9:00 Uhr	Ich habe mit einigen Kindern angefangen, eine Dino-Landschaft aus Steinen, Stöcken, Moos und anderen Sachen, die wir gestern draußen gefunden haben, aufzubauen. Alle sind begeistert bei der Sache. Da kommt Frau M. Wahrscheinlich will sie sich wieder einmal beschweren, weil wir angeblich ihren Sohn nicht genügend fördern, da ja hier nur gespielt wird. Ich lasse die Dino-Gruppe kurz alleine und biete ihr einen Gesprächstermin am Nachmittag an. Frau M. verwickelt mich in ein Gespräch. Als ich es abblocke, geht sie verärgert weg. Endlich kann ich wieder in die Dino-Ecke, obwohl ich jetzt dort nicht mehr gebraucht werde – die Kinder sind in ihr Spiel vertieft.
10:00 Uhr	Ich merke, dass Tim und Max nicht mehr im Waschraum am Wasserspieltisch spielen und kann mich auch nicht erinnern, dass sie woanders spielen wollten. Ich gehe durch alle Räume und suche sie. Panik steigt in mir hoch – gerade Tim, der schon mal weggelaufen ist. In diesem Moment sehe ich sie in der Personaltoilette stehen. Sie sehen einem Klempner bei der Arbeit zu. Ich erkläre ihnen zum x-ten Male, dass sie uns Bescheid sagen müssen, wo sie sind. Obwohl ich ja auch weiß, wie schwer das für Kinder in diesem Alter ist, wenn etwas interessantes passiert.
11:00 Uhr	Ich gehe mit sechs Kindern zum Einkaufen, Frau Schlüter bleibt mit dem Rest der Gruppe in der Einrichtung. Gut, dass wir zu zweit in der Gruppe sind, sonst müssten immer alle Kinder mit, ob sie wollen oder nicht. Mit wenigen Kindern macht es mir und den Kindern Spaß. Wir sind alle mit Einkaufstaschen ausgestattet und bleiben an jedem zweiten Grashalm oder Steinchen stehen, weil irgend jemand wieder etwas entdeckt hat. Der Gang zum Einkaufen ist eine kleine Erholung in der Hektik des Tages.
11:45 Uhr	Zurück im Kindergarten. Mittagessen. Wir haben viel Spaß dabei. Dann fällt Lisas Teller vom Tisch. Aufwischen, Streit schlichten, weinende Kinder trösten.
12:15 Uhr	Das Essen ist beendet. Die Kinder waschen sich, die Kleineren ziehen sich aus für den Mittagsschlaf. Die Praktikantin versucht, sie zum Schlafen zu bringen. Ich versuche, mit den Vorschulkindern zu arbeiten. Endlich werde ich abgelöst.
14:00 Uhr	Die letzten 10 Minuten der Pause nutze ich, um Aufzeichnungen über zwei Kinder zu machen, die immer mehr zu Außenseitern werden. Wir müssten in der Mitarbeiterbesprechung endlich über diese Kinder sprechen, auch mit den Eltern sollten wir ein Gespräch führen. Aber wann??
14:15 Uhr	Die kleineren Kinder sind aufgestanden. Wir trinken alle gemeinsam Kakao. Ein Vater kommt und holt sein Kind ab. Wieder Unruhe. Auch einige andere Kinder möchten jetzt plötzlich zu ihren Eltern.
15:00 Uhr	Ich räume den Tisch ab. Nun beginne ich mit zwei Kindern ein Sprachtraining. Die anderen beschäftigen sich mit der Praktikantin. Da kommt Nataschas Mutter. Vielleicht kann ich jetzt mit ihr sprechen. Aber sie hat keine Zeit.
15:30 Uhr	Für mich ist endlich Feierabend. Ich bin total geschafft. So geht das einfach nicht weiter. Wir sollten doch überlegen, ob wir nicht die Eltern stärker einbeziehen. Aber andererseits: Schließlich ist Erzieherin ein Beruf und etwas anderes als Muttersein.

Gruppenpuzzle

Folgende Ziele sollten Sie im Blick haben:

- Wie kann unter schwierigen Bedingungen professionelle Beziehungsgestaltung gelingen?
- Welche Forderungen müssen dazu erfüllt werden?
- Welche Hilfen brauchen Erzieherinnen, um sich vor Überforderungen zu schützen?

1 Bilden Sie drei Stammgruppen mit maximal sechs Teilnehmerinnen. Bestimmen Sie pro Gruppe jeweils zwei Studierende, die sich zu Experten ausbilden lassen. Die restliche Klasse beobachtet und notiert, was gut klappt.

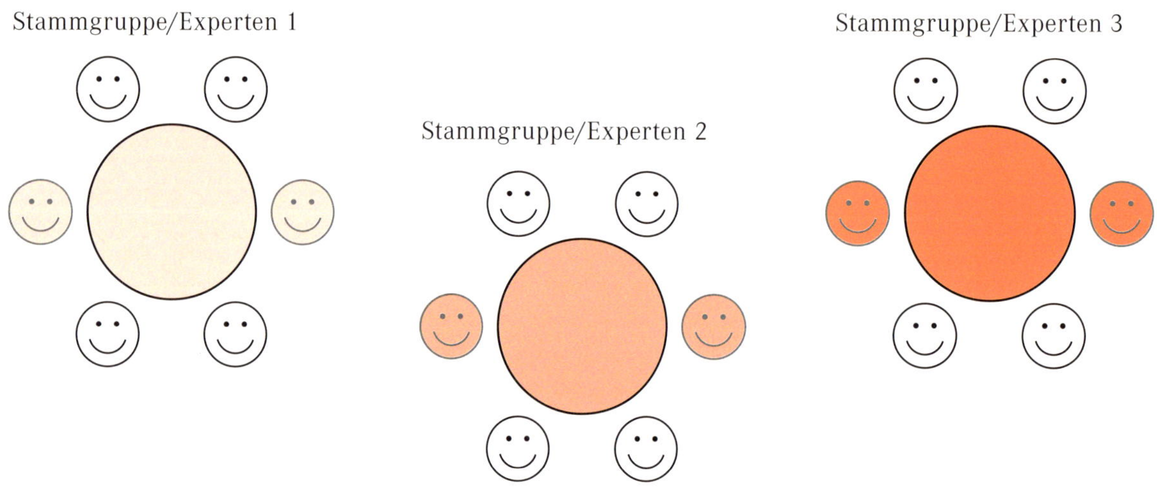

Methodenhinweis

Die **Experten** erhalten eigene Aufträge. Sie erhalten zusätzliche Informationen von der Stammgruppe. Am Ende ihrer Gruppenarbeiten wählen die **Experten** gemeinsam mit den Mitgliedern der **Stammgruppe (max. 4 Teilnehmer)** die wichtigsten Lernergebnisse aus und bereiten einen Infostand vor.

Vorteile: Die Gruppenmitglieder kommunizieren, hören zu, tauschen aus, treffen gemeinsam Entscheidungen. Fach-, Sozial-, Methoden- und personale Kompetenzen werden gefördert.

Übersicht über die inhaltlichen Teilbereiche:

Stammgruppe/Experten 1:	Tagesprotokoll: Problemanalyse
Stammgruppe/Experten 2:	Beziehungsqualität aus der Sicht der Fachexperten
Stammgruppe/Experten 3:	Qualität und Rahmenbedingungen

Gruppeneinteilung und Arbeitsauftrag

Arbeitsauftrag für die Stammgruppe 1 : Problemanalyse

a) Betrachten Sie die Darstellung des Tagesablaufes und analysieren Sie die Probleme, denen sich die Erzieherin ausgeliefert sieht.

Problem 1 Problem 2 Problem 3

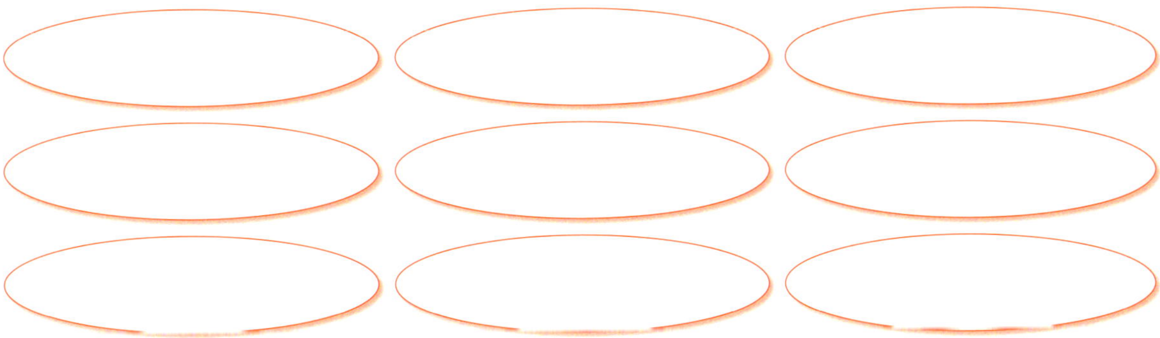

b) Erstellen Sie anhand des Tagesprotokolls eine Problemlandkarte.
(z. B. Problem Gruppengröße – Problem Zeit – Problem Eltern – Problem Erzieherpersönlichkeit usw.)

c) Alle **möglichen** Probleme werden auf einer Wandzeitung mit der Kartenmethode gesammelt und kategorisiert.

d) Analysieren Sie anschließend die Probleme mit Hilfe einer Spinnwebanalyse:

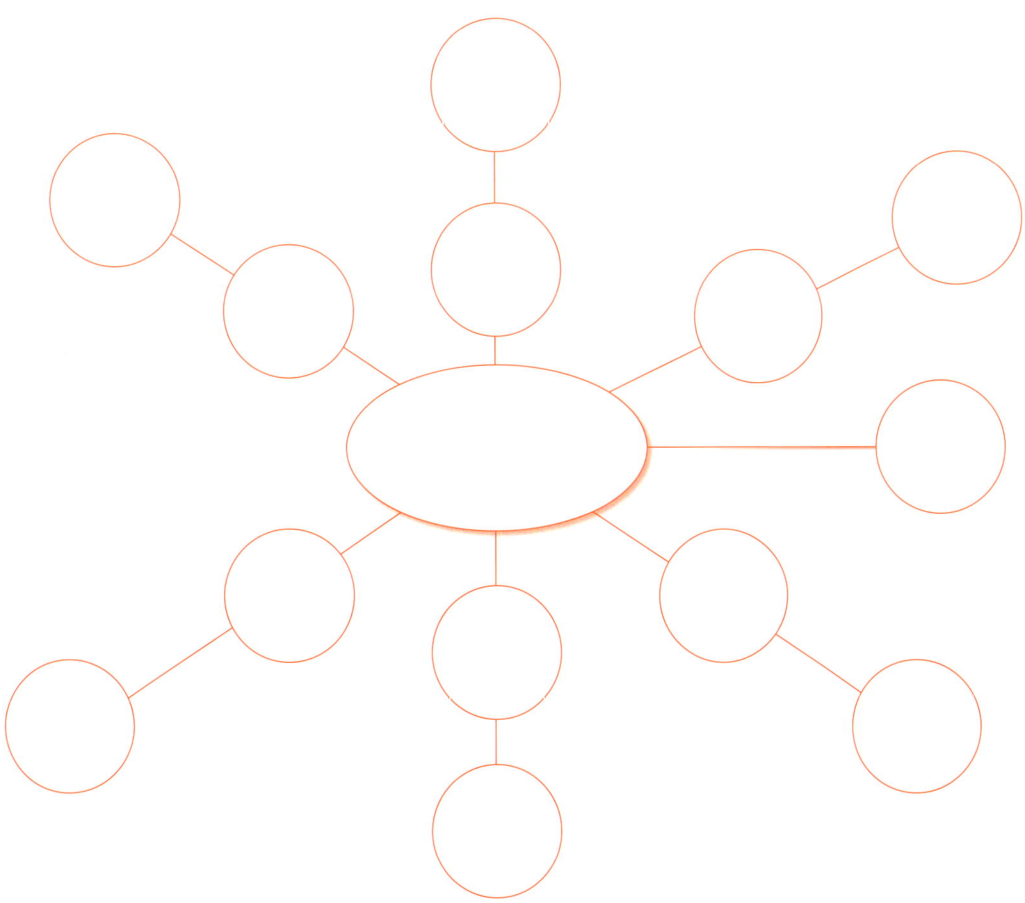

Methodenhinweis

Ein Problem wird in die Mitte eines Blattes geschrieben. Danach sammelt die Gruppe die direkten Ursachen eines Problems. Diese werden in Kreisen um das Problem herum festgehalten (Ursachen erster Ordnung). Als nächster Schritt werden die direkten Ursachen der eben gefundenen Ursachen ausgemacht und wiederum festgehalten (Ursachen zweiter Ordnung), diese Ursachen werden wiederum auf ihre Entstehungsbedingungen zurückverfolgt (Ursachen dritter Ordnung)... So entsteht ein Ursachengeflecht.

Arbeitsauftrag für die Expertengruppe 1 : Aufgaben und Grenzen in der Erziehungsarbeit

Lesen Sie den Fachtext in „Kein Kinderkram“ Band 1, LF 2, Kap. 2: „Aufgaben und Grenzen der Beziehungsgestaltung“.

e) Entwickeln Sie Thesen, die Sie mit Ihrer Stammgruppe im Zusammenhang mit den herausgefilterten Problemen diskutieren wollen.

Hinweis

Thesen sollten sachlogisch gegliedert sein, wobei inhaltlich zusammengehörige Thesen unter bestimmten Überschriften der Übersichtlichkeit halber zusammengefasst werden können. Sie sind in kurzen und knappen Sätzen abzufassen, die den Argumentationsstrang des Autors und die jeweiligen Problempunkte deutlich werden lassen. Auf dem Papier soll klar werden, um welche Art von These es sich handelt: eine Wiedergabe, eine Interpretation, eine Kritik, eine Forderung usw. Das Papier als Ganzes sollte höchstens eine DIN-A-4 Seite mit einfachem Zeilenabstand nicht überschreiten.

Arbeitsauftrag für die Stammgruppe 2: Beziehungsqualität – was fordern Fachleute?

f) Sammeln Sie Zitate aus Bildungsplänen für Kindergärten oder aus Konzeptionen der Kindergärten in Ihrer Umgebung über Vorstellungen der Beziehungsgestaltung.

Visualisieren Sie diese auf einer Wandzeitung wie im vorgegebenen Beispiel.

Beziehungsqualität

Eine der wichtigsten Anforderung ist der Aufbau und die Gestaltung von Beziehungen. Die Erzieherin hat die Aufgabe einen reziproken Beziehungsaufbau zu gestalten. Sie ist für die Qualität der Beziehung verantwortlich und dabei ist das Kind Subjekt und die Bedürfnisse des Kindes, dessen Willen und seine Würde stehen im Mittelpunkt in der Beziehungsgestaltung.

www.kita-karlshorst.de/pdf/konzept_kita_schule.pdf

g) Beurteilen Sie anschließend die Anforderungen im Hinblick auf die Realisierungsmöglichkeiten, die Sie aus Ihren Praktikaerfahrungen kennen. Halten Sie Ihre Gedanken schriftlich fest.

Arbeitsauftrag für die Expertengruppe 2: Wie kann eine gute Beziehung gelingen?

h) Sammeln Sie Vorschläge, wie die unten aufgeführten Verhaltensweisen zum Beziehungsaufbau realisiert werden können. Visualisieren Sie Ihre Vorschläge in Form einer Tabelle:

Ziel	Umsetzung
Schutz und Geborgenheit geben	

Hinweis

„Verhaltensweisen, die eine gute Beziehung und eine sichere Bindung fördern, sind u.a.:

- Schutz und Geborgenheit geben
- Verlässlich sein
- Signale und Mitteilungen einfühlsam verstehen
- Dem Kind Wertschätzung und Anerkennung entgegenbringen
- Seine Bedürfnisse ernst nehmen
- Das Prinzip der Gegenseitigkeit pflegen, d.h. Erwachsene und Kinder haben Rechte und Pflichten, je nach Fähigkeiten, Möglichkeiten und Entwicklungsstand
- Eigenständigkeit unterstützen, ohne alles zu erlauben
- Neugier und Nachdenken fördern und die Meinung von Kindern respektieren
- Interesse zeigen und sich auf Kinder einstellen“

Quelle: TPS8/2002, „Kinder entwickeln sich in Beziehungen“ Kallmeyer`sche Verlagsbuchhandlung, Seelze-Velber

Arbeitsauftrag für die Stammgruppe 3: Qualität und personelle Rahmenbedingungen

i) Studieren Sie den folgenden Text und arbeiten Sie anhand des Tagesprotokolls den Interessenkonflikt zwischen der Erzieherin und ihrem Arbeitgeber heraus. Verdeutlichen Sie die Positionen der verschiedenen „Parteien“, die an dem Konflikt beteiligt sind und fertigen Sie zur Visualisierung Ihrer Ergebnisse eine Powerpoint-Präsentation an oder wählen Sie eine andere Methode, um die Inhalte darzustellen. Tauschen Sie Ihre Ergebnisse mit den Experten Ihrer Gruppe aus.

Qualität: Gruppengröße und Zeitstruktur

Erziehung, d. h. Beziehung braucht Zeit, die aber in einer Gruppe nur bedingt vorhanden ist.
An den Begriffen „Gruppengröße“ und „Zeitstruktur“ wird dargestellt, wie diese Begriffe zusammengehören.
Die Gruppengröße von 20 bis 25 Kindern und die Zeitstruktur hat nichts mit gruppenpädagogischen Annahmen zu tun, sondern bildet die Grundlage für die Finanzierung. Wir wissen alle, dass wir bloß zu einer begrenzten Zahl von Menschen Beziehung aufnehmen und halten können. In der Sozialpsychologie spricht man von einer 12-15er Gruppe – die ist überschaubar und lässt tragfähige Beziehungen wachsen. Das, was wir täglich den Kindern und Erzieherinnen zumuten, ist unzumutbar. Dazu ein Zahlenbeispiel: Wenn drei Menschen zusammen sind, gibt es sechs Möglichkeiten, die sich begegnen. Der eine geht auf den anderen zu, dann können sie zu zweit, zu dritt zusammen sein. Wenn sie zu viert zusammen sind, können sie schon 25 verschiedene Möglichkeiten ausprobieren. Wenn zehn Menschen zusammen sind, gibt es schon 28.501 Möglichkeiten - und so weiter. Das sagt natürlich noch nichts über die Beziehungsqualität aus. Aber es zeigt doch, wie schwierig es vor allem für kleine Kinder ist, in einer unüberschaubaren Gruppe seinen Freund, seinen Spielgefährten, seinen Gesprächspartner zu finden. Wir müssen mit dieser Unwägbarkeit arbeiten: Die Gruppengröße gehört eng zusammen mit der Qualität der Beziehungen zwischen den Kindern und zwischen Kindern und Erzieherinnen. Entscheidend für die Gruppengröße ist auch der Erziehungsstil. Je kleiner die Gruppe, um so mehr Möglichkeiten gibt es, im Gespräch Interessen und deren Realisierung auszuhandeln. Die direkte “Führung” tritt zurück, die eigen bestimmte Selbsttätigkeit tritt in den Vordergrund. Bildung, Erziehung und Betreuung ergeben sich immer über Beziehungen, diese Begriffe sind untrennbar. Auch wenn ich ein Kind versorge, bilde und erziehe ich es. Ich kann das nur leisten, wenn ich eine Beziehung zu dem anderen habe, wenn ich Zeit für ihn habe. Im Durchschnitt sehen die Zeitverhältnisse so aus: Bei 3 Stunden Betreuungszeit= 180 Minuten geteilt durch 25 Kinder = 7,2 Minuten Aufmerksamkeit pro Kind durch die Erzieherin bei gleichzeitiger Verantwortung für die übrigen 24 Kinder. Durch Stundenkürzungen bei den Fachkräften und Gruppenerweiterungen tritt der Einzelkontakt noch deutlicher in den Hintergrund, ein erzieherzentrierter Führungsstil wird unvermeidlich.

Ingrid Pickel
Dipl. Pädagogin /Supervisorin DGSv Fachberaterin bei der Diakonie in Düsseldorf

Aus: (Auszug: Jugendhilfereport 1/2001)

http://www.lvr.de/Jugend/service/publikationen/frosch.pdf

Arbeitsauftrag für die Expertengruppe 3: Personalkompetenzen der Erzieherin

j) Machen Sie sich ein Bild von der Erzieherin und analysieren und beurteilen Sie die Personalkompetenz der Erzieherin, z.B.:
   - In welchen Situationen fühlt sie sich wohl?
   - Welche Situationen möchte sie verändern?
   - Welche Bedürfnisse / Interessen äußert sie?

k) Lesen Sie in „Kein Kinderkram“ Band 1, LF 2, Kap. 2.1 über die Möglichkeit der Supervision nach. Entscheiden Sie, ob der Erzieherin eine Supervision in ihrer Situation helfen könnte. Begründen Sie Ihre Meinung.

l) Visualisieren Sie Ihre Ergebnisse anhand einer selbstgewählten Methode und tauschen Sie Ihre Ergebnisse mit Ihrer Stammgruppe aus.

Abschlussrunde: „Markt der Möglichkeiten“ – die Wirbelgruppenpräsentation

Methodenhinweis

Materialien: Stellwände, Tische zur Ausstellung der Ergebnisse

Verlauf:
Nachdem in den Stammgruppen mit den Experten die Ergebnisse ausgetauscht wurden, werden die Arbeitsergebnisse nun von den ernannten Experten durch Infostände präsentiert.

Die Stammgruppen gehen im Uhrzeigersinn nach einem festgelegten Zeitrhythmus nacheinander zu jedem Info-Stand.

Die Experten, die an der Erstellung des Info-Standes mitgewirkt haben, erläutern den anderen die Ergebnisse. Alle Teilnehmer (TN) informieren sich über die Ergebnisse der anderen Gruppen und können lockere, zwanglose Gespräche führen.

Die Expertengruppe wird von TN der Stammgruppen abgelöst, sodass auch sie alle Infostände besuchen können.

Abschließende Bewertung des Lernergebnisses: die Auswertungszielscheibe

Methodenhinweis

Materialien: OHP-Folie und -Stifte oder großer Papierbogen, Klebepunkte

Verlauf:
Eine Zielscheibe ist in so viele Sektoren unterteilt, wie Aspekte für die Auswertung angesprochen werden sollen (z. B. Methoden, Organisation, Arbeitsergebnisse, Transfermöglichkeit, Praxisnähe, Lernzuwachs etc.). Diese Zielscheibe wird auf eine OHP-Folie kopiert und reihum weitergegeben, so dass jede(r) mit einem Stift die jeweiligen Treffer einzeichnen kann. Dabei bedeutet der Mittelpunkt Zufriedenheit und ein Punkt weit außerhalb des Zentrums große Unzufriedenheit. Die fertige Folie wird mit dem OHP projiziert und gemeinsam besprochen. Man kann die Zielscheibe auch auf einen Flipchart-Bogen zeichnen und jede(r) erhält Klebepunkte, welche die Treffer markieren.

Quelle: Rabenstein, R., u. a.: Das Methoden-Set. Band 4 „Reflektieren“, Münster 1995, S. 10)

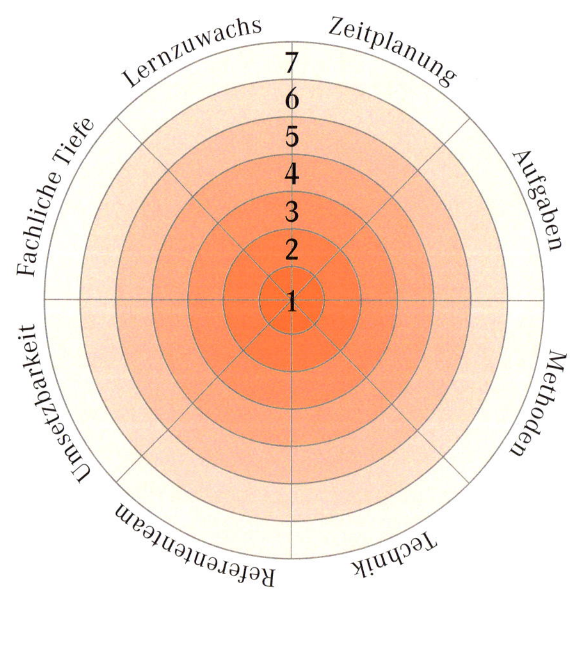

Jmpuls 2: Grenzen der Transaktionsanalyse (TA)

d 1, LF 2
ap. 2.1

Laura befindet sich in der Ausbildung zur Erzieherin. Sie arbeitet als Praktikantin in einem Hort. In ihrer Gruppe gibt es den elfjährigen Jan, der die 5. Klasse besucht. Er ist ein guter Schüler, aber alle Lehrer verzweifeln an seiner Frechheit, Laura geht es genauso. Sie bittet ihre Kolleginnen um eine Kollegiale Beratung und stellt das Problem, das sie mit Jan hat, im Team vor.

Sie sagt, dass sie wisse, dass Jan ein Adoptivkind sei und er sich bei seinen Pflegeeltern, die außer ihm noch zwei eigene Töchter haben, sehr benachteiligt fühle. Deshalb bemühe sie sich, ihm zu helfen, indem sie ihm oft zeige, wie wichtig er sei. So darf er z. B. mit ihr die Hausaufgaben der Jüngeren kontrollieren, den Aufgabenraum dekorieren usw. Mit solchen Extraaufgaben sei er total glücklich. Spätestens beim Mittagessen beginnen aber die Probleme, die sie mit Jan häufig habe. Laura liest den Kolleginnen aus ihrem pädagogischen Tagebuch vor:

„Nachdem ich ihm sein Mittagessen gab und ihm „einen guten Appetit" wünschte, rülpste er laut, benutzte für die Suppe statt einen Löffel seine Zunge und konnte so die Aufmerksamkeit der Kinder auf sich ziehen. Um Nachahmungen zu vermeiden, musste ich etwas tun und sagte: „Jan, benutze den Löffel, ansonsten muss ich dich an einen anderen Tisch setzen, damit uns der Anblick erspart bleibt."

Jan antwortete: „Halt die Klappe, ich esse, wie ich möchte!" Darauf reagierte ich sofort und sagte: „Wer hier gleich die Klappe hält werden wir ja sehen!" Daraufhin sprang Jan auf und beschimpfte ein ahnungslos auf dem Bauteppich sitzendes Kind. Ich sprang auf, schnappte mir Jan und setzte ihn unter Druck zurück auf seinen Stuhl und sagte ziemlich energisch: „Treib es nicht zu weit." Nach einer kurzen Pause kam Jan auf eine neue Idee und spuckte den Reis aus der Suppe durch die Gegend. Ich forderte ihn auf, mit seinem Teller in die Küche zu gehen oder das Essen ganz sein zu lassen. Er tat beides nicht und rannte einfach nach draußen. Ich lief ihm hinterher und schrie nur er möchte sofort reinkommen, ansonsten könne er für den Rest der Woche drinnen bleiben. Doch er hörte nicht auf mich. Ich legte ihm daraufhin die Jacke vor die Tür und schloss diese einfach ab. Als er an die Scheibe klopfte, war meine Antwort nur: „Du wolltest doch unbedingt nach draußen". Seine eigene Strafe war, dass er länger an den Hausaufgaben sitzen musste. Meine Aktion war erfolgreich, denn außer einigen Gemeinheiten, die er mir an den Kopf warf, war er den Rest des Tages „friedlich". Nach Dienstschluss hatte ich gemischte Gefühle. Einerseits war ich froh, dass ich mich durchgesetzt hatte, dies in dem Moment auch Wirkung zeigte, andererseits war ich irgendwie sehr unzufrieden."

1 Machen Sie sich zunächst ein Bild von Laura. Schreiben Sie auf eine Karteikarte DIN A5 aus Kein Kinderkram (Handlungsrahmen, Seite 9) die persönlichen Merkmale von Laura in Form eines Steckbriefes heraus und ergänzen Sie das Bild von Laura mit eigenen Vorstellungen z. B.

- Familienverhältnisse
- Charaktereigenschaften
- Lebensmotto
- Hobby
- Wohnumfeld
- Berufsziel
- Träume

2 Versetzen Sie sich nun in die Lage einer Kollegin im Beraterteam und analysieren Sie den Kommunikationsverlauf zwischen Laura und Jan beim Mittagessen. Nehmen Sie sich das Ich-Zustandsmodell der TA zu Hilfe und füllen Sie die dafür vorgesehenen Felder aus.
Welche Verhaltensweisen und Aussagen sprechen dafür?

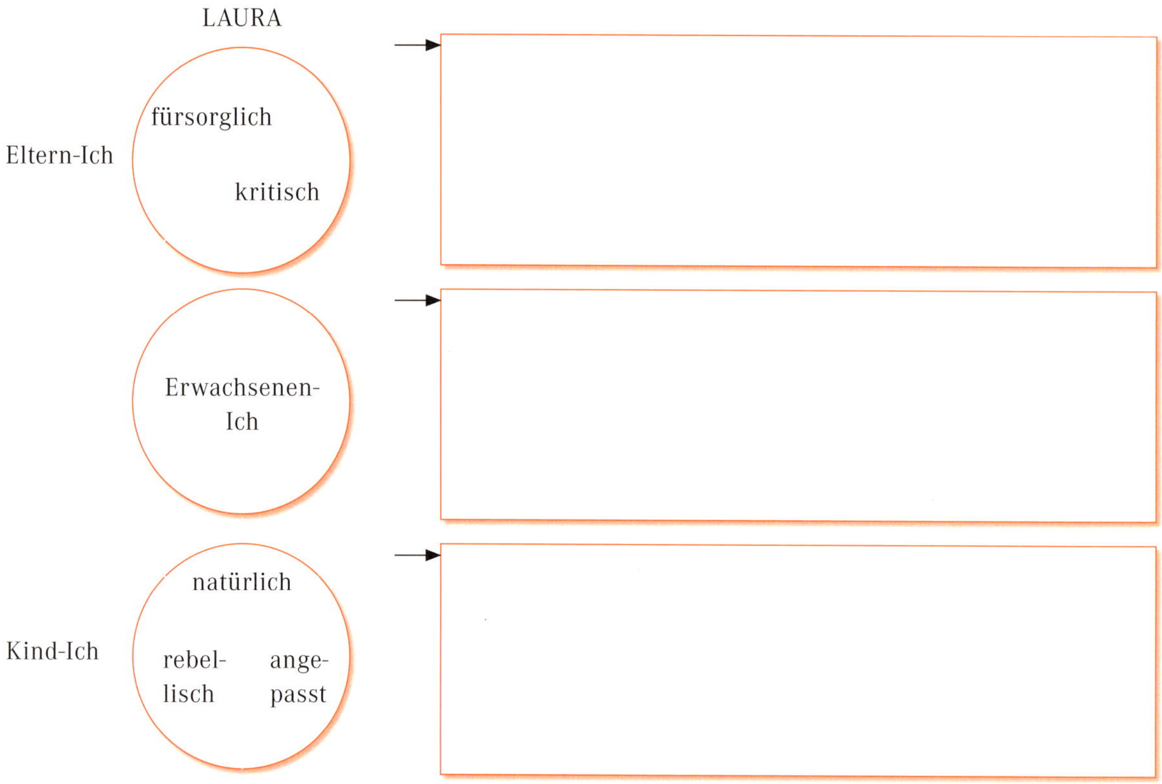

3 Schreiben Sie auf die Rückseite der Karteikarte eine Auswertung über Lauras pädagogisches Verhalten unter Berücksichtigung der Ich-Zustände und ziehen Sie ein Fazit. Überlegen Sie, ob Ihre Auswertung durch Lauras Steckbrief beeinflusst wurde.

4 Reflektieren Sie Ihre Vorgehensweise und listen Sie die Vor- und Nachteile des TA-Modells auf.

5 Suchen Sie sich eine Partnerin, die Ihrem Vornamen alphabetisch am nächsten ist und tauschen Sie Ihre Karteikarten aus. Arbeiten Sie Unterschiede und Gemeinsamkeiten heraus und suchen Sie nach Gründen dafür.

6 Erstellen Sie für Laura ein Handlungskonzept für ähnliche Situationen.
- Was kann Laura in solchen Momenten machen?
- Welche Handlungsschritte sind sinnvoll?
- Wie sollte sie konkret vorgehen?

Spielen Sie eine Szene zwischen Laura und Jan mit Handpuppen nach, um sie in der Kleingruppe vorzuführen.

7 Bilden Sie Kleingruppen mit vier oder sechs Personen. Stellen Sie sich gegenseitig Ihre erarbeiteten Handlungskonzepte vor, indem Sie die eingeübten Spielszenen mit Handpuppen vorführen.

8 Analysieren Sie die Spielszenen mit Hilfe des TA-Modells und schreiben Sie eine konstruktive Kritik zur Anwendung des Modells.

9 Lesen Sie sich in diesem Zusammenhang in Band 2, Lernfeld 5, Kap. 2.4. die Informationen über das Kollegiale Beratungsmodell durch.

10 Schreiben Sie sieben Schritte des Kollegialen Beratungsmodells auf eine Wandzeitung und spielen Sie anschließend die Situation von Laura und Jan nach diesem Modell durch.

11 Wählen Sie eine Gruppe aus, die die Situation von Laura und Jan mit Handpuppen im Plenum vorstellt. Gehen Sie auf die verschiedenen Ich-Zustände von Laura ein und führen Sie Ihre in Kleingruppen erprobten Alternativvorschläge ebenfalls mit Ihren Handpuppen vor.

12 Führen Sie nun ein Kollegiales Beratungsgespräch mit Laura (gespielt von einer ausgewählten Person aus Ihrer Klasse) durch.

- Wählen Sie vier Personen als Kolleginnen aus, die Laura beraten wollen.
- Wählen Sie Beobachter aus, die die Gespräche protokollieren.
- Nehmen Sie die Wandzeitung mit den sieben Schritten des Beratungsmodells zur Hilfe.

a) Nach der Kollegialen Beratung ziehen sich die Beobachter zurück, um die Protokolle zu vergleichen und zu ergänzen.

b) Die Beobachter führen anschließend mit den Spielern eine Reflexion nach folgendem Schema durch:
   - Wie hat sich Laura in ihrer Rolle gefühlt?
   - Wie zufrieden war sie mit ihrer Falldarstellung?
   - Was hat sie sich anfangs von dem Gespräch erhofft?
   - Wie war für Sie der Verlauf des Gespräches?
   - Hat sie sich als Person immer akzeptiert gefühlt und Wertschätzung erfahren?
   - Konnte sie selbst nach Lösungen suchen?
   - Wie haben sich die Kolleginnen als Berater gefühlt?
   - War es schwer, sich mit Ratschlägen zurückzuhalten?

Methodenhinweis

Am Ende eines jeden Rollenspiels ist es wichtig, dass sich alle aus ihrer Rolle verabschieden, indem sie sich z.B. gegenseitig die Hand geben und den eigenen Namen sagen.

c) Stellen Sie abschließend Laura in den drei Ich-Zuständen: Eltern-Ich (zwei Personen), Erwachsenen-Ich (eine Person) und Kind-Ich (drei Personen) als Standbild dar.

13 Überlegen Sie sich am Ende der Unterrichtseinheit noch einmal die Frage, ob das Ich-Zustands-Modell der TA im Zusammenhang mit dem Kollegialen Beratungsmodell eine Hilfe darstellt und warum es allein zur Reflektion für eine Falldarstellung nicht ausreichen kann?

Jmpuls 3: Regeln in Kinderheimen erarbeiten

Bd 1, LF 2
Kap. 2.2

Aus dem Kinderheim

Kinderheim

Gruppenregeln

- ✓ Hygiene
- ✓ Fernsehen, Videofilme, Play-Station, etc.
- ✓ Rund um dein Zimmer
- ✓ Verantwortung für die Umwelt
- ✓ Haus-, Zimmertürschlüssel
- ✓ Wie lange kann ich draußen bleiben?

____

____

(Unterschrift Kind) (Unterschrift Erzieher)

Aus der Heimerziehung

„Als aber die Haus- und Gruppenordnung bestimmend wurde und der Hausvater sich zurückzog (oder immer mehr von den wachsenden Strukturen zurückgedrängt war), blieb dem Kind vornehmlich die Anpassung an ein System (nicht an eine Person!) mit seinen Regeln und Ordnungen, die für alle galten und es konnte sich nicht mehr persönlich gemeint fühlen. Und das war einer der entscheidenden Gründe, warum Kinder aus den Heimen entwichen. Sie fühlten sich trotz bester Ausstattung der Heime nicht mehr persönlich angenommen und gemeint."

Erinnerungen von Wolfgang Liegle

„Als ich auftragsgemäß begann, etwas gegen die Entweichungen zu tun, fuhr ich in die Heime und befragte die Kinder, die abgehauen waren, warum sie das taten. Selten gab es konkrete Gründe (wie etwa Misshandlungen oder objektiv schlechtes Essen), oft gab es vorgeschobene Gründe, und oft konnten die Kinder gar nicht sagen, was sie so störte. Aber fast immer äußerten sie den Wunsch, einen Menschen ganz für sich allein zu haben."

Quelle: Online-Info Nr.15/2005; 10 Jahre Wellenbrecher e.V. in Düren oder Das Woher und Wohin in der Individualpädagogik, Fachbeitrag von Wolfgang Liegle, ehemaliger Referent des Landesjugendamtes Rheinland

„Endziel jeder Betreuung, auch und gerade in der Beziehungspädagogik muss es sein, den jungen Menschen in die Selbständigkeit zu entlassen, d.h. ihn einzubinden in neue Bezüge zu seiner Umwelt und ihn aus der eigenen Bindung zu entlassen." (St. Barabara, Duisburg)

1 Lesen Sie bitte den folgenden Auszug aus den Gruppenregeln des Kinderheims St. Barbara in Duisburg und stellen Sie sich danach folgende Frage:
Fördern Regeln und Hausordnungen in Kinderheimen die Selbständigkeits- und Autonomieentwicklung der Kinder und Jugendlichen oder wirken sie eher einschränkend und einschüchternd?

Notieren Sie Ihre Meinung auf einer Karteikarte.

Auszug aus den Gruppenregeln

„Wir wollen, dass es dir und den anderen Bewohnerinnen der Gruppe gut geht. Ein gutes Zusammenleben mit mehreren setzt aber voraus, dass einiges an Regeln beachtet wird. Die wichtigsten haben wir hier zusammengestellt. Nachdem wir [Bezugserzieher/Jugendlicher-/Kind] ausführlich darüber gesprochen haben, erhältst du ein Exemplar für deine Unterlagen. Zudem hängt ein Exemplar an der Pin-Wand in der Gruppe aus."

Kann ich mit meinen Freunden telefonieren, können mich meine Freunde besuchen?

- Wenn du telefonieren möchtest, auch mit Familienangehörigen, kannst du dies gerne tun. Dies besprichst du vorher mit dem in der Gruppe anwesenden Erzieher.
- Deine Freunde sind bei uns gerne gesehen. Allerdings bist du dafür verantwortlich, dass auch dein Besuch unsere Regeln einhält. Da wir wissen möchten, wer sich im Haus aufhält, solltest du deinen Besuch vorstellen. Deine Freunde können auch nach vorheriger Absprache bei dir übernachten. Auch du kannst deine Freunde besuchen und mal dort schlafen. Allerdings möchten wir deine Freunde vorher kennen lernen und zumindest telefonisch mit deren Eltern klären, ob sie damit auch einverstanden sind.

Fernsehen, Videofilme, Play-Station, etc.

- Was und wie lange wir sehen, sprechen wir mit dem Erzieher ab, der gerade in der Gruppe ist.
- Vor 15.30 Uhr ist in der Woche der Fernseher für Schulkinder grundsätzlich aus. Alle Gewalt verherrlichenden Video- u. Play-Station-Spiele sind grundsätzlich verboten und werden vom Erzieher eingezogen.

Hygiene

- Auch du möchtest gerne eine saubere Toilette vorfinden. Daher sollten wir in der Gruppe in besonderem Maße darauf achten, dass jeder die Toilette ordnungsgemäß verlässt. Dazu gehört, dass die Toilette im Sitzen benutzt wird und mit der Toilettenbürste gereinigt wird.
- Du solltest dich morgens und abends waschen; regelmäßig duschen und nach den Mahlzeiten die Zähne putzen. Unterwäsche und Socken solltest du täglich wechseln. Nachtzeug sollte nicht noch am Tag angezogen werden. Damit jeder das Badezimmer ordentlich vorfindet, hat es natürlich auch jeder nach der Benutzung ordentlich zu hinterlassen.
- Wenn du bei der Essenszubereitung hilfst, solltest du dir vorher die Hände gründlich mit Seife waschen und eine Nagelbürste benutzen.

Rund um dein Zimmer

Es können die nachstehenden Aufgaben anfallen, bei denen der Erzieher dir dem Alter entsprechend hilft:

- Alte Bettwäsche abziehen und frische Bettwäsche aufziehen
- Zimmer grundständig aufräumen
- Boden des Zimmers Staub saugen
- Schränke, Schreibtisch, Regale, Elektrogeräte, Spiegel und Fensterbank Staub putzen
- Mülleimer ordnungsgemäß entleeren, auch wenn dieser nicht voll ist
- Schmutzwäsche waschen und nach dem Trocknen ordentlich in den Schrank einsortieren, wobei dann Pullover auf Pullover liegen sollte und Socken zu Socken, Unterwäsche zu Unterwäsche usw.
- 14tägig Fenster putzen
- Waschküche in einem ordentlichen Zustand hinterlassen
- Schuhpflege ist auch angesagt. Bei den Jüngeren macht das der anwesende Erzieher; mit den Älteren wird dies zunächst gemeinsam gemacht, bis ein eigenverantwortliches Tun möglich ist.

Du solltest dein Zimmer jeden Morgen ordentlich verlassen [Aufräumen, Bett machen, Lüften]. Abends solltest du die Spielsachen wegräumen und deine schmutzigen Sachen in die Wäschetonne tun.

Einmal in der die Woche solltest du dein Zimmer gründlich reinigen [Staub wischen, Teppich saugen, Müll entsorgen].

Die Zimmer deiner Mitbewohner kannst du nur in ihrer Gegenwart betreten, sofern sie es dir gestatten. Auch hast du keine anderen Sachen herauszuholen, denn du möchtest dieses wohl auch nicht bei dir haben.

Die Möbel dürfen nur nach Absprache mit dem Erzieher nach sinnvollen Kriterien umgestellt werden. Möbel und Wände dürfen auch nicht mit Postern beklebt und betackert werden. Wir haben Bilderrahmen, in denen du deine „Stars“ an die Wand bringen und Atmosphäre in deinem Zimmer gestalten kannst.

Ich hätte gerne einen Haus-, Zimmertürschlüssel.

- In Absprache mit den Erziehern der Gruppe kannst du mit 16 Jahren einen Haustürschlüssel erhalten. Dies bedeutet, dass du einen großen Vertrauensvorschuss erhalten hast und man der Ansicht ist, dass du damit verantwortungsbewusst umgehen kannst. Wenn du das Vertrauen missbrauchen solltest, musst du den Schlüssel leider wieder abgeben.

- Nach Rücksprache mit den ErzieherInnen kannst du einen Zimmerschlüssel bekommen. In jedem Falle hast du einen Schlüssel für eine abschließbare Kasse in deinem Zimmer. So kannst du deine persönlichen Dinge schützen. Wenn du dieses Angebot nicht wahrnimmst, bist du selbst dafür verantwortlich, wenn etwas aus deinem Zimmer entwendet wird. Natürlich werden wir dir dabei helfen, dass du wieder in den Besitz deiner Sachen kommst; aber eine Haftung können wir nicht übernehmen.

Wie lange kann ich ‚draußen' bleiben?

- Zubettgeh-Zeit und Nachtruhe ist in der Woche grundsätzlich um 22.00. Zudem hat jede Altersgruppe eigene Zeiten, die an den Wochenenden, in den Ferien, bei entsprechenden Events und in der Woche unterschiedlich sind. Wenn du zu verabredeten Zeiten nicht wieder in der Gruppe erscheinst, machen wir uns Sorgen und müssen bei der Polizei eine Vermisstenmeldung aufgeben. Um insbesondere dir und uns den Ärger und den damit verbundenen schlechten Ruf zu ersparen, müssen Ausgehzeiten mit dem anwesenden Erzieher abgesprochen und auch eingehalten werden.

Meine Verantwortung und Umwelt

- Entsprechend der verschiedenfarbigen Mülleimer entsorgen wir den Müll separat und umweltgerecht.
- Müll, Zigarettenkippen und Kaugummi werden nicht einfach vor dem Kinderheim oder im Kinderheiminnenhof weggeworfen, sondern in die dafür vorgesehenen Behältnisse getan.
- Beim Zähneputzen und Duschen gehen wir mit dem Wasserverbrauch sorgsam um und lassen es nicht einfach durchlaufen.
- Wenn wir lüften, stellen wir die Heizung aus. Wir lüften auch nicht stundenlang, sondern schließen die Fenster nach kurzer Zeit wieder.

Quelle: www.katholisches-klinikum.de St.Barbara Kinderheim – Duisburg

2 Tauschen Sie Ihre Karteikarte mit einem Partner aus, von dem Sie annehmen, dass er gleicher Meinung ist.

a) Reflektieren Sie Ihre Entscheidung, indem Sie sich fragen, ob Sie die richtige Partnerin gewählt haben, die ähnlicher Ansicht ist. Suchen Sie nach Gründen für Ihre Übereinstimmung bzw. Meinungsunterschiede. Könnten evtl. gemeinsame soziale Erfahrungen eine Rolle spielen?

b) Formulieren Sie die Heimregeln um, sodass die Zielgruppe nicht schon beim Lesen Klaustrophobie (krankhafte Angst vor engen Räumen) bekommt.

3 Wählen Sie im Plenum fünf Freiwillige und diskutieren Sie mit Hilfe der Methode „Denkhüte" die Notwendigkeit von Regeln und Hausordnungen im Rückblick auf eigene Erfahrungen. Wie gehen Sie selbst mit Regeln und Hausordnungen um?

Methodenhinweis

Material: Fünf große Papierhüte in den Farben weiß, schwarz, rot, gelb und blau. Papier und Stifte für Notizen; Dauer: ca. 45 Minuten

Verlauf: Verteilen Sie an fünf freiwillige Teilnehmer oder Teilnehmerinnen fünf Denkhüte mit den Farben weiß, rot, schwarz, gelb und blau. Malen Sie die Hutfarbe und Kurzbeschreibung der Rolle bzw. Denkweise auf Plakate, so dass die Teilnehmerinnen und Teilnehmer immer einen Blick darauf werfen können.

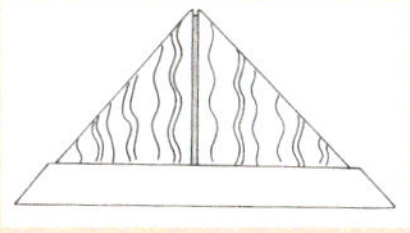

Der weiße Hut steht für Sachlichkeit und Neutralität.
In dieser Rolle zählen Fakten, Zahlen und Daten. Äußerungen werden beispielsweise mit „Die Tatsachen sehen wie folgt aus ..." oder „Regeln sind wichtig für..." eingeleitet.
Es werden keine Interpretationen geliefert oder Meinungen geäußert.

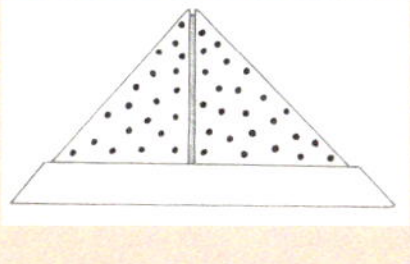

Der rote Hut symbolisiert die Seite der Gefühle. Hier spricht der Bauch z.B. „Mein Gefühl sagt mir, ...", „Ich kann mir nicht helfen, aber ich empfinde es so, dass ..." Die Äußerungen sind erfüllt von Emotionen, Intuitionen, positiven und negativen Ahnungen, Ängsten und Begeisterung. →

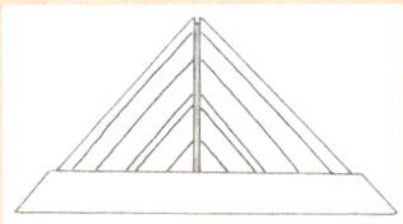

Der schwarze Hut bedeutet die „Kehrseite der Medaille". Hier dreht sich alles um Gefahren, Risiken, Schwierigkeiten, Unmöglichkeiten und negative Beurteilungen z.B. „Regeln sind doch überflüssig...", „Wer soll denn das kontrollieren..."

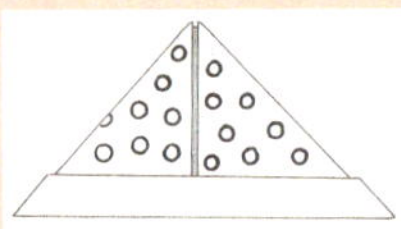

Der gelbe Hut signalisiert Strahlen, Sonne und Helligkeit. Ohne in Euphorie zu verfallen, wird alles grundsätzlich als positiv und konstruktiv bewertet z.B. „Wenn sich alle daran halten, dann...", „Das hat gute Auswirkungen auf..."

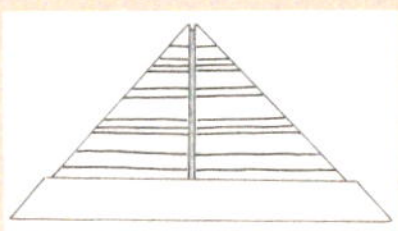

Der blaue Hut steht für Kälte, Distanz und Kontrolle. Sie beobachtet, überwacht und kontrolliert die anderen Gesprächsteilnehmer und versucht, den Gesprächsverlauf zu beeinflussen. Äußerungen werden beispielsweise mit „An deiner Stelle würde ich meinen Standpunkt überprüfen, denn ...", „Was sollen wir darüber diskutieren, wenn ..." eingeleitet.

a) Stellen Sie fünf Stühle zu einem Innenkreis zusammen, auf denen die fünf „Denkhüte" Platz nehmen. Darum herum wird ein Außenkreis aufgestellt, in dem alle übrigen Teilnehmerinnen und Teilnehmer Platz finden. Sie sind die Beobachter.

b) Die Freiwilligen wählen nun die Farbe ihrer Hüte, setzen sie auf und bekommen einige Minuten Bedenkzeit, um sich in ihre Rollen zu versetzen und Argumente zu sammeln. An die Teilnehmerinnen und Teilnehmer wird jeweils eine Kopie mit den Gruppenregeln aus dem Kinderheim St. Barbara verteilt.

c) Starten Sie nun eine erste Diskussionsrunde, die nicht länger als 10 Minuten dauern sollte. Die Hutträger bleiben dabei strikt in ihren Rollen.

Der Außenkreis beobachtet die Diskussion. Das kann frei geschehen oder unter konkreten Beobachtungskriterien (Qualität der Argumente, Körpersprache usw.). Die Kriterien können auch auf Gruppen von Beobachtern verteilt werden (Es empfiehlt sich, „Beobachtungsblätter" zu erstellen, auf denen der Beobachtungsauftrag vermerkt und darunter Raum für Notizen ist.)

d) Lassen Sie jetzt die Hüte innerhalb des Kreises herum gehen (maximal zweimal). So sind die Teilnehmer gefordert, blitzschnell die Rollen zu wechseln (Beobachtungskriterium: Wie wird mit dem Wechsel umgegangen?)

e) Diskutieren Sie in einer Auswertungsrunde so, dass dabei zuerst die „Denkhüte" und dann die Beobachter zu Wort kommen.

Quelle: Nolke, Matthias, Krativitätstechniken. Planegg, 2002.

4 Reflektieren Sie die Methode und das damit zusammenhängende Lernergebnis.

5 Tragen Sie die Ergebnisse aus der Partnerarbeit im Plenum zusammen.

Jmpuls 4: Eltern als Partner akzeptieren

1, LF 2
p. 2.3

Frustrierte Eltern

Frustrierte Erzieher

Starke Kinder?

„Sie weiß überhaupt nicht, was ich den ganzen Tag mache…“

„Ich weiß nicht, was sie den ganzen Tag mit den Kinder machen – machen sie überhaupt etwas?“

„Wir Eltern haben so viele Ideen, aber wir werden einfach nicht mit einbezogen“.

„Sie interessiert sich überhaupt nicht für unsere Arbeit...“

„Wenn sie unsere Wochenpläne nicht liest, kann ich ihr auch nicht helfen...“

„Jetzt wollen sich Eltern auch noch überall einmischen, als ob wir nicht schon genug Arbeit hätten“.

1 Suchen Sie sich einen oder mehrere entsprechende Gegenstände aus, die Sie mit dem Thema „Probleme mit Eltern“ assoziieren. Beschreiben Sie anschließend Ihre Assoziationen. Verwenden Sie dabei nicht mehr als fünf bis sechs Begriffe.

Beispiel:

Gegenstand	Assoziationen
Mantel	• weggehen, ankommen, Stress, kalt, kuschelig, unberührbar usw.
	•
	•
	•

Gegenstand	Assoziationen
	•
	•
	•

2 Suchen Sie sich nun eine Partnerin oder einen Partner und schreiben Sie zum Thema „Probleme mit den Eltern“ einen fiktiven Brief an eine Kindergartenleiterin im „Utopialand“. In diesem Brief müssen Ihre beiden Gegenstände und alle zehn Begriffe vorkommen, die Ihnen dazu eingefallen sind.

3 Nachdem Sie den Brief geschrieben haben, finden Sie sich in Gruppen zu sechs Personen zusammen und lesen Ihre Briefe vor. Werten Sie anschließend die Briefe aus, indem Sie die Probleme und die Problemlösungen herausfiltern.

Beispiel:

- Eltern wollen, dass ihre Kinder gefördert werden, aber sie unterstützen die Erzieherinnen/Erzieher nicht, weil sie mit ihren Kindern zu Hause nicht üben.

–

–

–

4 Bereiten Sie anschließend mit Ihrer Gruppe ein Rollenspiel vor.

Methodenhinweis

Rollenspiele verbinden Lebenswirklichkeit mit spielerischem Agieren. Im Rollenspiel werden Situationen, Probleme oder Konflikte nachempfunden oder vorausschauend bearbeitet. Auf Rollenkarten sind einzelne Personen (Spielrollen) beschrieben.

a) Entscheiden Sie sich entweder für eine gelungene Elternpartnerschaft oder eine misslungene Elternpartnerschaft.

b) Bereiten Sie für jeden Spieler, jede Spielerin dazu eine Rollenkarte vor. Erproben Sie das Rollenspiel und führen Sie es anschließend im Plenum vor

Für jede Gruppe werden aus dem Zuschauerkreis zwei Beobachterinnen oder Beobachter bestimmt, die die Rollenspiele nach folgenden Kriterien beobachten und anschließend zur Diskussion stellen:

- Welche Art von Problemen wurde dargestellt? Wie könnten die Probleme gelöst werden?
- Wurden Lösungen oder zukunftsweisende Vorschläge gemacht? Welche der Vorschläge könnten realisierbar sein?
- Wurden Forderungen an den Kindergarten, die Erzieherinnen oder die Eltern gestellt? Welche Forderungen müssten bearbeitet werden?

5 Als Beobachter visualisieren Sie Ihre Beobachtungsergebnisse an der Wandtafel bzw. auf einer Wandzeitung.

Probleme	Problemlösungen	Anforderungen
Eltern zeigen wenig Verständnis für die Arbeit der Erzieherinnen/Erzieher.	Eltern werden zum Hospitieren eingeladen.	Kritik von Seiten der Eltern wird als konstruktive Einmischung gesehen, da man jetzt mit Ihnen über gemeinsame Erziehungsziele reden kann.

6 Überprüfen Sie während des Praktikums in Ihrem Kindergarten die Voraussetzungen für eine gelingende Elternpartnerschaft und diskutieren Sie die Anforderungen dafür mit Ihrer Gruppenleiterin.

Jmpuls 5: Beobachtungsfehler wahrnehmen, benennen und vermeiden

Bd 1, LF 2
Kap. 3

Selbstbild

	sehr	eher	weder/noch	eher	sehr	
• selbständig	☐	☐	☐	☐	☐	unselbständig
• selbstsicher	☐	☐	☐	☐	☐	unsicher
• beliebt	☐	☐	☐	☐	☐	unbeliebt
• intelligent	☐	☐	☐	☐	☐	unintelligent
• ruhig	☐	☐	☐	☐	☐	unruhig
• nachgiebig	☐	☐	☐	☐	☐	unnachgiebig
• fröhlich	☐	☐	☐	☐	☐	depressiv
• sachlich	☐	☐	☐	☐	☐	unsachlich
• aktiv	☐	☐	☐	☐	☐	passiv
• gesellig	☐	☐	☐	☐	☐	ungesellig
• zufrieden	☐	☐	☐	☐	☐	unzufrieden
• beherrscht	☐	☐	☐	☐	☐	unbeherrscht
• leistungsstark	☐	☐	☐	☐	☐	leistungsschwach
• zuverlässig	☐	☐	☐	☐	☐	unzuverlässig
• ausgeglichen	☐	☐	☐	☐	☐	launisch
• sozial	☐	☐	☐	☐	☐	egoistisch

1 Das Bild, das Sie von sich selbst haben, stimmt oft nicht mit dem Bild überein, das andere von Ihnen haben. Überprüfen Sie, in welchen Bereichen Ihr Selbstbild (die Meinung, die Sie über sich haben) mit dem Fremdbild (die Meinungen, die andere über Sie haben) übereinstimmt bzw. nicht übereinstimmt.

Kopieren Sie dazu oben stehende Tabelle sechs Mal.

a) Kreuzen Sie in der Tabelle an, wie Sie sich selbst sehen.

b) Kreuzen Sie auf der nächsten Tabelle an, wie Sie denken, dass Ihre Eltern Sie sehen.

c) Kreuzen Sie auf der nächsten Tabelle an, wie Sie denken, dass Ihre Freundinnen/Freunde Sie sehen.

d) Geben Sie nun jeweils eine Tabelle Ihren Eltern, Freundinnen (Clique) und verschiedenen Mitstudierenden, und bitten Sie um ein schriftliches Feedback.

e) Vergleichen Sie nun die Tabelle der Eltern, der Freundinnen (Clique) und der Mitstudierenden mit Ihrer eigenen, und beantworten Sie sich bitte folgende Fragen:

- Stimmen die Angaben mit Ihren eigenen Angaben überein?
- Worauf führen Sie Unterschiede zurück?
- Welche möglichen Beobachtungs- bzw. Wahrnehmungsfehler könnten damit im Zusammenhang stehen?

Rollenspiele vorbereiten

2 Teilen Sie sich in Gruppen zu vier oder fünf Personen auf.

a) Wählen Sie aus der Tabelle mit den Beobachtungsfehlern einige aus, die Ihrer Meinung nach am häufigsten zwischen Eltern und Kindern, Freunden/Freundinnen, Erzieherin und Kindern vorkommen können.

b) Einigen Sie sich auf einen oder zwei der gewählten Beobachtungsfehler und stellen Sie sich eine Situation vor, in der durch Beobachtungsfehler eine Person bzw. eine Situation verfälscht wahrgenommen wird.

Häufige Beobachtungsfehler	Beispiele/Begründungen
1. Interpretationsfehler Es werden Schlussfolgerungen über die Ursachen eines Verhaltens gezogen und auf bestimmte Eigenschaften geschlossen. Man macht sich ein Bild von einer Person oder einer Situation.	
2. Primary-Effekt: Der erste Eindruck bestimmt das Bild, das ich von einer Person habe.	
3. Rosenthal-Effekt: Vorurteile und Voreinstellungen (z.B. bestimmte Leistungserwartungen gegenüber Kindern) können zur selbsterfüllenden Prophezeiung führen.	
4. Halo-Effekt: Der Gesamteindruck wird durch ein persönliches Merkmal überstrahlt (z.B. werden durch eine mathematische Begabung andere Eigenschaften übersehen).	

5. Ähnlichkeits-Effekt Es besteht die Gefahr, dass Eigenschaften von einer bekannten Person auf eine andere ähnliche Person übertragen werden.	
6. Interferenz-Effekt: Von Beobachtungen wird auf Charaktereigenschaften geschlossen.	
7. logical-error-effect: Beobachtungen werden mit Alltagstheorien verknüpft.	

3 Führen Sie Rollenspiele im Plenum durch, ohne den/die Beobachtungsfehler zu benennen.

a) Als Zuschauerinnen markieren Sie den/die Beobachtungsfehler in der Tabelle und schreiben eine Begründung in die zweite Spalte.

b) Vergleichen Sie anschließend die Ergebnisse und überprüfen Sie die Richtigkeit.

4 Schreiben Sie an sich selbst einen Brief unter der Überschrift:

Beobachtungsfehler passieren mir nicht!

Durch meine Beobachtungen sollen Kinder in ihrer Entwicklung gefördert und unterstützt werden. Was muss ich dafür tun, damit mir das gelingt?

Öffnen Sie diesen Brief vor Ihrem ersten Praktikumstag!

Jmpuls 6: Beziehungen zu Kindern unter drei Jahren aufbauen

Lukas kommt in die Tageseinrichtung

Lukas ist gerade ein Jahr alt geworden. Seine Mutter wird wieder in ihren Beruf einsteigen und Lukas kommt in die Tageseinrichtung. Sie hat sich im letzten Jahr intensiv zu Hause um ihn gekümmert. Gemeinsam haben Sie einen PEKiP-Kurs besucht und immer mittwochs haben sie sich mit einer Spielgruppe auf einem Spielplatz getroffen. Lukas Vater ist samstags mit ihm Babyschwimmen gegangen.

Lukas ist Einzelkind und der ganze Stolz seiner Eltern. Sie ernähren ihn und sich sehr bewusst und reagieren schnell, wenn er etwas möchte oder auch mal weint. Lukas ist ein zufriedenes Kind und lacht oft seine Eltern an.

Lukas und seine Eltern waren bereits zweimal in der Einrichtung. Einmal war es zum Anmeldegespräch und im letzten Monat waren sie für einige Stunden zum „Schnuppern" in der Gruppe. Lukas hat dabei oft auf dem Schoß seiner Mutter gesessen und mit Fühlsäckchen am Tisch gespielt. Nach einer Stunde war er müde und ist schnell auf dem Arm seiner Mutter eingeschlafen.

Lukas soll nun in die Gruppe eingewöhnt werden. Die Erzieherin Frau Berger soll seine erste Bezugsperson werden. Sie war schon beim Anmeldegespräch dabei und hat Lukas und seine Mutter am Schnuppertag begleitet.

Die Mutter von Lukas ist sehr aufgeregt und hat bei den Absprachen für die Eingewöhnung ein bisschen geweint. Es sei das erstemal, dass Lukas alleine in einer Einrichtung bleiben soll und sie müsse ja auch wieder arbeiten gehen. Sie würde die Essens- und Schlafgewohnheiten von Lukas gut kennen und sie sei unsicher, wie das in der Einrichtung gehandhabt werde. Lukas sei doch erst ein Jahr alt und noch so klein.

Frau Berger tröstete die Mutter und berichtete von dem Eingewöhnungsmodell der Einrichtung. Sie würden nach dem Berliner Modell vorgehen und die Mitarbeiter der Einrichtung würden ja auch viele intuitive Fähigkeiten in der Arbeit mit Kindern unter drei Jahren mitbringen. Das würde schon gut gehen!

1 Die Eltern in dem Beispiel sind unsicher und aufgeregt, ihr Kind in fremde Hände zu geben.

a) Was können Sie den Eltern mitteilen, was Sie als betreuende Erzieherin auf jeden Fall richtig machen?
b) Welche intuitiven Fähigkeiten bringen Ihrer Meinung nach Erzieherinnen in der Arbeit mit Kindern unter drei Jahren mit?
c) Benennen Sie vier intuitive Fähigkeiten und begründen Sie, warum diese in der Arbeit mit Kindern unter drei Jahren wichtig sind.

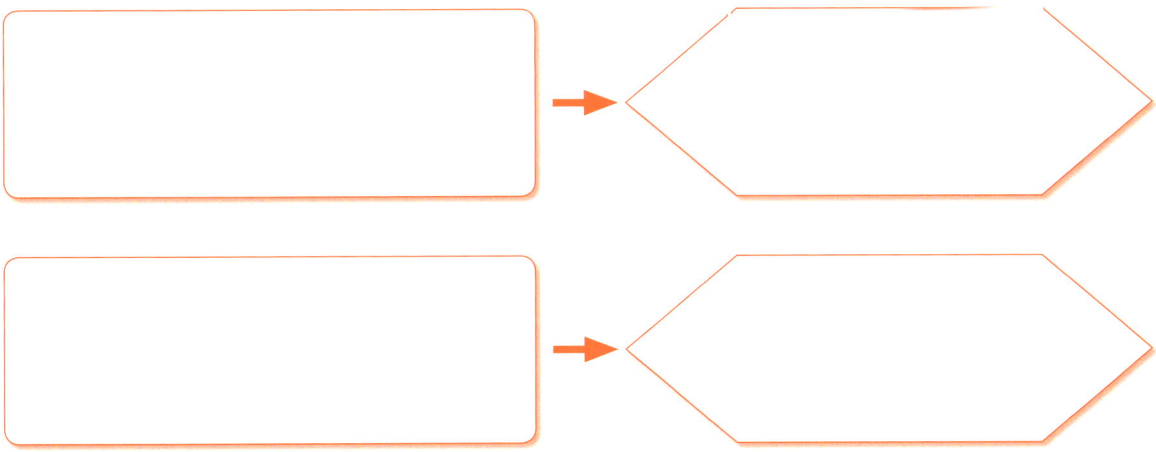

2 Zusätzlich schenkt Ihnen eine gute Fee fünf Fähigkeiten und Werthaltungen, die Sie für die Arbeit mit Kindern unter drei Jahren haben sollten.

Suchen Sie sich fünf Elemente aus, die Sie noch benötigen.

- Wissen über das Handling von Säuglingen besitzen
- Sprachvorbild sein
- Geeignete Beobachtungs- und Dokumentationsformen für Kinder unter drei Jahren kennen
- Bereitschaft sich auf nonverbale Kommunikation mit jungen Kindern einzulassen
- Kenntnisse über beziehungsorientierte Pflege besitzen
- Wissen über Tagesablauf und Ernährung von jungen Kindern besitzen
- Sensibel sein im Umgang mit Eltern
- Einfühlsam und verlässliche Bezugsperson sein
- Positive Grundhaltung gegenüber außerfamiliärer Betreuung junger Kinder besitzen

3 Stellen Sie sich die ausgewählten Fähigkeiten vor.

a) Begründen Sie Ihre Auswahl.

b) Wo fehlt Ihnen noch Wissen?

c) Benennen Sie zwei Aspekte, auf die Sie im nächsten Praktikum achten wollen.

1.

2.

d) Erstellen Sie im Praktikum zu jedem der beiden Aspekte eine Dokumentation und stellen Sie diese Dokumentationen in der Klasse vor.

4 Sie wollen die Eingewöhnungsphase von Lukas gemeinsam mit der Erzieherin Frau Berger planen.

a) Was müssen Sie alles über Lukas wissen, ehe er in Ihre Gruppe kommt?

b) Sammeln Sie Fragen, die Sie in einem Elterngespräch stellen würden.

5 Vergleichen Sie Ihre Fragen und ergänzen Sie.

a) Einigen Sie sich auf zehn Fragen, die Sie in einem Elterngespräch stellen können.

Elternfragebogen zur Aufnahme von Kindern unter drei Jahren in die Tageseinrichtung

1.	
2.	
3.	
4.	
5.	
6.	
7.	
8.	
9.	
10.	

b) Kopieren Sie die erstellten Fragebögen und heften Sie diese in Ihrem Ordner „Paul" ab. (PAUL = Persönlicher Arbeits- und Lernordner)

6 Lukas soll in die Gruppe eingewöhnt werden. Die Einrichtung geht dazu nach den Grundsätzen des Berliner Modells vor.

a) Was ist das Berliner Modell?

b) Beschaffen Sie sich Informationen darüber. Tragen Sie die fünf Grundsätze des Modells in den Kasten ein.

Grundsätze des Berliner Eingewöhnungsmodells

1. ______________________________

2. ______________________________

3. ______________________________

4. ______________________________

5. ______________________________

7 Kommen Sie alle in der Mitte der Klasse zusammen.

a) Stellen Sie möglichst vielen Mitstudierenden Ihre Zusammenfassung des Eingewöhnungsmodells vor.

b) Ergänzen Sie Grundsätze, die Sie nicht beachtet haben.

8 Suchen Sie sich drei Mitstudierende, die in der gleichen Jahreszeit wie Sie Geburtstag haben. Erstellen Sie ein individuelles Eingewöhnungsmodell für Lukas. Als Grundlage dazu dient das Berliner Modell der Eingewöhnung.

a) Erstellen Sie einen Verlaufsplan für Lukas und seine Mutter. Was gibt es alles zu bedenken? Welche Phasen sind zu benennen?

b) Wann ist die Eingewöhnung von Lukas gelungen?

Eingewöhnungsplan für Lukas

Grundphase
Trennungsversuch
Kürzere Eingewöhnung/längere Eingewöhnung
Stabilisierungsphase
Schlussphase

Quelle: Hans-Joachim Laewen, Die ersten Tage - ein Modell zur Eingewöhnung in Krippe und Tagespflege. Beltz 2003

9 Die Eltern von Lukas sollen über die Eingewöhnungsphase informiert werden.

a) In der Einrichtung ist es üblich, dass dazu ein erster Brief an die Eltern geschrieben wird, in dem das Vorhaben geschildert wird. Formulieren Sie einen Brief an die Eltern von Lukas.

b) Welche Informationen gehören in den Brief an die Eltern hinein? Berücksichtigen Sie dabei den sensiblen und einfühlenden Umgang mit den Eltern.

c) Vergleichen Sie Ihren Brief mit Briefen aus Ihren Praxisstellen zum Thema Eingewöhnung.

ASTRID-LINDGREN-KINDERGARTEN

Impuls 7: Bildungsprozesse bei Kindern erkennen, initiieren und dokumentieren

Die Arche Noah

Bd 1, LF 2, Kap. 3
Bd 1, LF 3, Kap. 1
Bd 2, LF 4, Kap. 10

Laura arbeitete während ihres Praktikums vor Weihnachten in einem interkulturellen Kindergarten. Nach Weihnachten berichtete sie in einer Unterrichtseinheit über Bildungsprozesse von einem Projekt in ihrem Kindergarten:

„Eines Tages kam eine türkische Mutter und brachte für die Kinder in meiner Gruppe einen großen Topf mit einer leckeren süßen Suppe mit. Die Suppe bestand aus getrockneten Datteln und Feigen, Rosinen, weißen Bohnen, Reis, Kichererbsen, Nüssen, Granatapfelkernen, Weizen und Mais. Die Mutter erzählte uns, dass sie die Suppe immer im Spätherbst essen. Das sei bei ihnen Tradition und habe etwas mit dem Asure-Fest zu tun. Davon hatte ich noch nie etwas gehört und bat die Mutter, den Kindern darüber etwas zu erzählen. Am nächsten Tag brachte sie Reisefotos aus der Türkei mit. Darauf war zu sehen, wie in einem türkischen Dorf das Asure-Fest gefeiert wurde.

Ich wurde richtig neugierig und suchte nach Informationen. Meine Recherche in verschiedenen Bibliotheken ergab, dass die Noah-Geschichte eine der moslemischen Erklärungen für Asure ist. Sie hat vor allem im nahöstlichen Raum bereits eine sehr lange Tradition unter den Juden gehabt, lange bevor der Islam aufkam. Mit meiner Gruppenleiterin überlegte ich, wie wir, bevor der Weihnachtsrummel richtig losgeht, mit den türkischen Kindern (50% unserer Gruppe) auch ein Fest organisieren könnten, mit dem sie sich identifizieren würden. Wir kamen auf die Idee, den Kindern die Geschichte von der Arche Noah vorzulesen und sie als Hintergrundgeschichte der Asure-Suppe im Kindergarten vor den Eltern aufzuführen.

Dazu haben wir natürlich zuerst einen Elternabend veranstaltet, wo die türkischen Eltern Fotos und Dias zeigten und deutsche Eltern auch Urlaubsbilder aus der Türkei mitbrachten und zuletzt die wunderbare Suppe gegessen wurde. Nach der islamischen Überlieferung wurden auch auf der Arche alle Vorratsreste zu einer Speise vermengt.

Die Kinder fanden sofort Gefallen an der Geschichte. Besonders wurde von den Kindern die Taube mit

dem Ölzweig als Symbol des Friedens bewundert. Sie fanden Bilderbücher und wir beobachteten sie nun in der dreiwöchigen Vorbereitungszeit, wie sie bäuchlings auf dem Boden liegend die Geschichte jüngeren Kindern erzählten. Es kamen unerwartete Fragen auf, zum Beispiel ob Noah ein Deutscher oder ein Türke war.

Es wurden Holzarchen gebaut und die Geschichte mit kleinen Plastiktierchen nachgespielt. Die Kinder verkleideten sich als „Arche-Tiere“ und stellten die Familie Noah dar. Ein Zoobesuch half, die Farben der Tiere genauer zu betrachten und auf die Kostüme zu übertragen.

Zum guten Schluss dichteten wir das Lied von der Vogelhochzeit einfach um. Es wurden 16 Strophen. Alle Kinder waren motiviert, das Lied auf Deutsch zu lernen und zu singen. Eine Erzieherin war der Meinung, dass einige Kinder in den letzten Wochen mehr Deutsch gelernt hätten, als in den Monaten vorher.

Manche Kinder konnten nach drei Wochen alle Strophen auswendig.

In einer Ecke des Gruppenraumes drapierten wir mit riesigen Tüchern eine Arche und malten auf ein anderes Tuch den Regenbogen. Er ist ja der Beweis dafür, dass Gott nie wieder eine Sintflut geschehen lassen würde. Wir fanden den Schluss der Geschichte doch sehr sympathisch, weil auch Gott Fehler gemacht hat, die er später bedauerte.

Mit einer türkischen Kollegin und den Kindern bereiteten wir am Tag vor dem Asure-Fest die Suppe zu. Zum Fest kamen viele Eltern und für die Kinder war das Thema auch nach dem Fest noch lange nicht erschöpft. Einige wollten noch mehr über Krieg und „Frieden machen“ wissen, besonders die, die im Fernsehen zu Hause die schrecklichen Bilder vom Irakkrieg zu sehen bekamen.

Ich habe die Kinder immer wieder beobachtet. Aber was hat das alles mit Bildungsprozessen zu tun? Was und wie hätte ich die Bildungsprozesse dokumentieren können oder müssen? Wie hätte ich überhaupt merken können, dass es sich um Bildungsprozesse handelt?“

Hinweis

Machen Sie sich falls nötig mit der Geschichte der Arche Noah in der Bibel vertraut (1. Buch Mose).

1 Untersuchen Sie die Situation im Hinblick auf die Entdeckung von Bildungsinteressen und Bildungsprozessen bei Kindern, indem Sie die Eintragungen in der Tabelle fortführen. Eigene Fantasien und Interpretationen zur Situation sind erlaubt.

Beispiel:

Handlungsorientiertes Vorgehen der Praktikantin und der Erzieherin	Bildungsinteressen der Kinder wecken	Mögliche spontane Bildungsprozesse beobachten
Anlass: Türkische Suppe zum Asure-Fest Befragung der Mutter	Erzieherin: „So eine Suppe kenne ich nicht!” „Wie kocht man so eine Suppe?” „Warum kennen nur die Türken diese Suppe?” „Was hat das mit dem Fest zu tun?”	Kinder: „Gibt es bei uns Suppenfeste?” „Ich habe schon mal eine Suppe aus Fisch gegessen.”

2 Bilden Sie mit vier weiteren Personen eine Gruppe nach Schuhgrößen (z. B. je vier mit Größe 38 – 40 usw.)

a) Stellen Sie sich nun vor, Sie hätten von Ihrer Gruppenleiterin den Auftrag bekommen, die Bildungsinteressen der Kinder im Zusammenhang mit dem Asure-Fest zu beobachten und zu dokumentieren. Wie würden Sie vorgehen?

b) Führen Sie dazu in Ihrer Kleingruppe eine Reflexion unter folgender Fragestellung durch: Wie wurden in deinem Kindergarten während deines Praktikums Bildungsprozesse dokumentiert?

Kindergarten	Bildungsdokumentation	Persönliche Stellungnahme

c) Sammeln Sie Ihre Ideen auf Karteikarten unter folgenden Fragestellungen:

- Was soll dokumentiert werden? (Welche Ergebnisse, Erzeugnisse, Einfälle, Ideen von Kindern, Ereignisse, Probleme wären im Zusammenhang mit der Geschichte von der Arche Noah möglich?)
- Wie soll dokumentiert werden? (Fotos, Videos mit Kommentaren, Theaterstücke schreiben, Beobachtungsprotokolle, Sammelmappen?)
- Wozu soll dokumentiert werden? (Externes Gedächtnis für Kinder, für das Erzieherteam, für die Eltern, für den Übergang zur Schule? Für eine Ausstellung? usw.)
- Welche Rahmenbedingungen müssen geschaffen werden? (Möglichkeiten für die Erzieherin, die Lern- und Forschungsprozesse der Kinder herauszufordern und mitzugestalten, Eigeninitiative der Kinder zu stärken, der Erzieherin dafür Zeit zu geben, um den Kindern die Möglichkeiten zu verschaffen, evtl. nach eigenen Ideen eine Arche zu bauen etc.)

3 Visualisieren Sie Ihre Ideen. Stellen Sie Ihre Ideen in Form einer Ideenbörse im Plenum vor.

Jmpuls 8: Objektiv beobachten

Beobachten macht neugierig

1, LF 2
p. 3

Beobachtungsprotokoll

Beobachtete Person:	Mia 5;4 Jahre alt
Beobachterin:	Susanne Gebauer, Praktikantin
Beobachtungsort:	Kindergarten, Gruppenraum
Beobachtungsanlass:	Kontaktschwierigkeiten des Kindes
Beobachtungsziel:	Überprüfung des Kontakt- und Sozialverhaltens bei Mia
Beobachtungstag:	Mittwoch, 15. März 2006
Beginn der Beobachtung:	9.46 Uhr
Ende:	10.09 Uhr

9.46 Uhr Mia steht am Maltisch im Gruppenraum und bemalt mit großen schnellen Bewegungen ein Blatt Papier. (So wie ich aus 3 m Entfernung sehen kann, sind es bunte Kreise, Dreiecke und Quadrate.)

9.48 Uhr Sie faltet das Blatt einmal zusammen, geht zu Frauke (ihrer Erzieherin), gibt ihr das Blatt und sagt: „Ein Brief für dich, lies mal!" Die Erzieherin liest: „Liebe Frauke, viele Grüße von Mia". Sie gibt den Brief an Mia zurück. Mia stemmt ihre Arme in die Hüfte und guckt wütend auf das Blatt. Sie geht zurück an den Tisch.

9:51 Uhr Mia geht (langsam) zurück in die Malecke, beugt sich über den Tisch und faltet den „Brief" erneut (diesmal etwas kleiner). Sie geht mit dem Papier zur einer weiteren Praktikantin, (die mit im Raum ist), und sagt: „Ich hab einen Brief". Sie faltet das Papier nochmals zusammen und gibt es der Praktikantin. Die guckt verwundert und fragt Mia: "Was soll ich damit?" Mia dreht sich um, geht zum Spielteppich, wo andere Kinder im Moment spielen. (Sie kann mit der Frage der Praktikantin nichts anfangen.)

9:53 Uhr Sie bleibt in ca. 1 Meter Abstand einige Sekunden stehen, kommt zum Maltisch und faltet (hastig) ein weiteres Blatt. Sie schaut zur Erzieherin herüber und ruft: „Ich geh' jetzt frühstücken." Mia lässt das Blatt fallen und verlässt kurz den Raum. (Ihre Konzentration lässt nach! Sie will zu ihrer Tasche im Flur.)

9:54 Uhr Mia betritt mit einer Frühstückstüte in der Hand wieder den Raum und geht (zielstrebig) zum Frühstückstisch. Sie setzt sich an den Frühstückstisch, wo bereits zwei andere Kinder – Melanie und Kathrin - und die Erzieherin Frauke sitzen.

9:55 Uhr Sie hält die Tüte hoch und fragt Frauke, die gerade Melanie eine Apfelsine schält, „Was habe ich mit?" Frauke „errät" das in der Tüte befindliche Brötchen. Mia öffnet (stolz, freudig) ihre Tüte und beißt ein kleines Stück Brötchen ab.

9:59 Uhr (Unruhig) rutscht Mia auf dem Stuhl hin und her, schaut sich im Zimmer um und spricht mit der kleineren Kathrin, die ebenfalls frühstückt, über ihr Brötchen, das sie mit hat. Mia bricht ein kleines Stück Brötchen ab und bietet es Frauke an, die es dankend entgegennimmt. (Mia zeigt Sozialverhalten!) Den anderen Kindern am Tisch bietet sie in ähnlicher Weise kleine Brötchenstücke an. In kleinen Stückchen „bröckelt" Mia am Brötchen und isst zu Ende. Sie faltet die Tüte zusammen. (Sie ist ordentlich!)

10.03 Uhr Mia hat ihr Frühstück beendet. Ca. eine Minute bleibt sie noch sitzen und schaut sich im Raum um. Sie steht auf und bringt das zusammengefaltete Papier in die Papiertonne in der anderen Ecke des Raumes. Sie geht durch den Raum, bleibt an einem Tisch stehen, wo zwei Jungen mit einem Holzpuzzle beschäftigt sind. Sie verweilt kurz und geht wieder zum Maltisch. (Sie zeigt kein Kontaktverhalten!)

10.04 Uhr Mia steht neben der Erzieherin am Maltisch und entdeckt Martin unter dem Tisch. Sie bemerkt an Frauke gewandt: „ Martin ist da drunter." Sie bückt sich, kriecht unter den Tisch, kommt aber nach wenigen Sekunden wieder zum Vorschein. (Sie nimmt keinen Kontakt auf!)

10.05 Uhr Mia dreht sich um, holt ein Blatt Papier aus dem Beistellschrank am Maltisch und fragt Frauke: „Machst du mir einen Drachen?", Melanie, die in der Nähe steht, mischt sich ein: „ Das kann ich dir wohl auch zeigen.“ Beide falten den Drachen. Mia malt ihrem Drachen ein Gesicht mit schnellen (kritzelnden) Bewegungen. (Keine Geduld!) Dann malt sie auf Melanies Drachen Augen. Melanie protestiert. Jasmin, eine Fünfjährige aus der Gruppe, fragt Mia: „Soll ich dir eine Schultüte falten?“ Mia antwortet: „Ja.“ Jasmin faltet eine Schultüte und gibt diese Mia. Mia nimmt die Tüte und macht sie kaputt.

10.09 Uhr Ende der Beobachtung

1 Lesen Sie das Beobachtungsprotokoll und notieren Sie die Gedanken, die Ihnen während des Lesens kommen.

a) Denken Sie darüber nach, ob es sich eher um eine Alltagsbeobachtung oder um eine systematische Beobachtung handelt. (Lesen Sie dazu in „Kein Kinderkram!“, Band 1, Kap. 3)

b) Entwickeln Sie eine Argumentation in Form des unten aufgeführten Argumentationsschemas und stellen Sie die einzelnen Elemente der Argumentation in tabellarischer Form dar.

Argumentation			Gegenargumentation
These	Es handelt sich um eine systematische Beobachtung.	Es handelt sich um keine systematische Beobachtung.	**(Anti-)These**
Argument			**Argument**
Beweis			**Beweis**
Beispiel			**Beispiel**
Schlussfolgerung			**Schlussfolgerung**

2 Tauschen Sie mit einer Partnerin /einem Partner Ihre Argumente aus und setzen Sie sich anschließend mit den Begriffen **„Verhaltensdeutung“** und **„Verhaltensbeurteilung“** auseinander. Suchen Sie in der Zitatensammlung nach Definitionen für beide Begriffe und markieren Sie diese.

„Die klarste und unmissverständlichste Art, seine Gefühle anderen mitzuteilen, ist die Sprache. Wenn ein Kind über seine Gedanken und Gefühle spricht, können diese kaum falsch gedeutet werden. Auch Körperhaltung und Gesichtsausdruck spiegeln die kindliche Gefühlswelt nach außen –also sichtbar – wider.

Wenn wir etwas deuten, versuchen wir uns Klarheit zu verschaffen und (unbewusste) Motive für bestimmtes Verhalten bewusst zu machen. Deutungen regen zum Nachdenken über den Beobachteten wie über die eigene Person an.“

Peter Thiesen

„Es kommt wenig auf eine besondere Methode an, sondern einzig und allein darauf, was Sie vom Kind wollen! Dieses Wollen wird bestimmen, was Sie sehen und hören und wie Sie sehen und hören; es wird Ihr Nachdenken bestimmen und die Lösungen, die Sie sich und den Kindern für ein Problem zutrauen oder nicht.“

Erika Kazemi-Veisari

„Freie Verhaltensbeurteilungen unterliegen immer einer gewissen Subjektivität. Die Qualität einer Beurteilung hängt vom Ausmaß ihrer nachweislichen Genauigkeit ab.

Nur das Bemühen um größtmögliche Objektivität erhöht die Wahrscheinlichkeit, dass verschiedene Erziehungspersonen hinsichtlich eines bestimmten Kindes zu vergleichbaren Erkenntnissen gelangen.“

Peter Thiesen

„Beurteilende müssen sich fragen, wie stark die in ihrer eigenen Sozialisation übernommenen Werte, Normen und Einstellungen Einfluss auf die Beurteilung anderer Menschen nehmen.“

Peter Thiesen

„Beobachtbar ist immer nur die Handlung, nicht Wollen, Fühlen und Denken von Kindern. Beobachten können Sie grundsätzlich nur, was Sie sehen und hören und das sind Handlungen und ihre Abläufe, Sprache und Bewegungen.“

Erika Kazemi-Veisari

Das Nachdenken über eine Beobachtung muss sich aber immer auch auf die Bedingungen der konkreten Situation beziehen: Was hat diese ermöglicht, wo waren ihre Mängel und Einschränkungen, die vielleicht erst durch die Beobachtung richtig augenfällig wurden?“

Erika Kazemi-Veisari

„Welche Situation Sie auch für Ihre Beobachtung wählen, sie findet immer innerhalb konkreter Bedingungen statt, die von den zur Verfügung stehenden Ressourcen geprägt sind: Eingeschränkte Räume, Materialien und Zeitabläufe hinterlassen Eindrücke und Spuren, die sich in Ihren Beobachtungen wieder finden werden. Kinder verhalten sich in aktiver Beziehung zu ihrer Umgebung. Sie reagieren auf das, was eine Situation für sie hergibt und was sie in ihr und durch sie als Einschränkung erleben.“

Erika Kazemi-Veisari

„Für Beobachtungen werden oft solche Kinder ausgewählt, die „Schwierigkeiten machen“. Wenn Sie in einer solchen Ausgangsposition den Blick darauf richten, die Schwierigkeiten zu erfassen, die ein Kind (Ihnen) macht, werden Sie sie auch entdecken und Ihre Befürchtungen bestätigt finden. Richten Sie jedoch Ihr Augenmerk auf das Kind, darauf, was es tut, mit wem es was tut, wie es in welcher Situation handelt (und vielleicht in ähnlichen Situationen sehr unterschiedlich?), werden Sie möglicherweise irritiert aus der Beobachtung kommen. Sie werden erstaunt feststellen, dass dieses Kind ja gar nicht immer so ist wie angenommen, sondern auch ganz anders. Ihre Wahrnehmung hat eine neue Wirklichkeit produziert und veränderten Sinn geschaffen.“

Erika Kazemi-Veisari

„Die Deutung von Verhalten ist das Bindeglied zwischen Beobachtung und Beurteilung, zwischen wahrgenommenem Ausdruck und gewonnenem Eindruck, zwischen Beobachtetem und Beobachter.

Das äußere Erscheinungsbild des Beobachteten wird vom Beobachter gedeutet und hinterfragt. Emotionen, Empfindungen, Intelligenz, Individualität, Wollen und Streben, Temperament und Bindungsfähigkeit lassen sich eben nur deuten. Um zu wissen, warum ein Kind Angst, Wut, Traurigkeit oder Freude zeigt, müssen wir in Erfahrung bringen, durch welche konkreten Außenreize und Handlungen es zu diesen Reaktionen gekommen ist“

Peter Thiesen

Zitate: Erika Kazemi-Veisari „Differenzierte Beobachtung von Kindern“ in Kindergarten heute, Ausgabe 7-8 / 99.
Peter Thiesen “Beobachten und Beurteilen“ in: klein&groß 01/ 2005

3 Lesen Sie noch einmal das Beobachtungsprotokoll von Mia und schreiben Sie Verhaltensdeutungen bzw. Verhaltensbeurteilungen in die richtigen Spalten.

Verhaltensdeutungen	Verhaltensbeurteilungen

4 Entwickeln Sie mit der gesamten Gruppe (Klasse) eigene Grundsätze für Ihre Beobachtungspraxis. Wie könnte das konkret aussehen?

Denkanstoß

„Im praktischen pädagogischen Handeln geht es darum, die Wahrnehmungen von Pädagoginnen/Pädagogen zu kultivieren und sie in einen professionellen Rahmen zu stellen. Beobachtung muss in der Praxis so umsetzbar sein, dass nicht die ganze Energie dafür draufgeht. Sie soll handhabbar sein, dem professionellen Beobachtungsanspruch entsprechen und trotzdem genügend Raum für die eigentliche pädagogische Arbeit mit den Kindern lassen. Wer mit zu komplexen Bögen oder Konzepten arbeitet, läuft Gefahr, zu viel Zeit dafür aufzuwenden und uferlos Daten zu sammeln, die meist nur wenig genutzt werden. Andererseits haben auch spontane Notizen nichts mit Beobachtung zu tun.“

Andreas Paschen Aus: UNSERE KINDER, österreichische Fachzeitschrift für Kindergarten- und Kleinkindpädagogik, Heft 3/2003

5 Ergänzen Sie in Kleingruppen die Buchstaben mit spontanen Gedanken. Stellen Sie Ihre Arbeits- und (Lern)ergebnisse im Plenum vor.

Aufmerksamkeit

B e o b a c h t u n g s p r a x i s

Objektivität

Jmpuls 9: Forschen und Täuschen

„Objektiv lässt sich feststellen, dass..." Solche Sätze sind schnell dahergesagt. Aber stimmt das?

Optische Täuschungen sind im Alltag sehr hilfreich oder auch störend, etwa beim Korrekturlesen einer Klausur.

Einfach den folgenden Text lesen...

Afugrnud enier Sduite an enier Elingshen Unvirestiät ist es eagl, in wlehcer Rienhneelfoge die Bcuhtsbaen in eniem Wrot sethen, das enizg wcihitge dbaei ist, dsas der estre und lzete Bcuhtsbae am rcihgiten Paltz snid. Der Rset knan ttolaer Bölsdinn sien, und du knasnt es torztedm onhe Porbelme lseen. Das ghet dseahlb, wiel wir nchit Bcuhtsbae für Bcuhtsbae enizlen lseen, snodren Wröetr als Gnaezs.

Wie stark diese Täuschungen sein können belegt der Blick auf dieses Bild. Hier bewegt sich eigentlich nichts und dennoch sehen wir...

Das Gehirn interpretiert Größe in Abhängigkeit von der Umgebung. Alle drei Schwesternpaare sind gleich groß und erscheinen doch ganz unterschiedlich.

1 Messen Sie die Frauenpaare auf dem unteren Foto nach!

2 Wählen Sie vier Personen aus, die sich später auf die vier Ecken des Klassenraumes verteilen. Sie schicken sie zunächst aus dem Raum.

a) Die Klasse schreibt jetzt Fragen zur optischen Beobachtung auf, die die Vier dann jeweils aus ihrer Perspektive beantworten sollen, beispielsweise:
- Wer sitzt einer bestimmten Person am nächsten?
- Wie weit ist die Tafel von dieser Person entfernt?

b) Werten Sie gemeinsam die Antworten aus. Liegt es an der Perspektive oder an der Deutung der Wirklichkeit? Können Sie sich jetzt vorstellen, warum Polizei und Justiz solche Probleme mit Zeugenaussagen haben?

Hinweis

Anders ist das bei Phänomenen, die Sinnestäuschungen genannt werden. Diese basieren meist darauf, dass aus Erfahrung das Gehirn etwas deutet, was womöglich so gar nicht passiert. Die meisten Zaubertricks basieren auf diesem Prinzip.

Filme arbeiten auch nach diesem Prinzip. Wer sich eine alte Filmrolle anschaut, sieht, dass hier viele Einzelbilder hintereinander gezeigt werden. Unser Gehirn benötigt 18 (Einzel-) Bilder in der Sekunde, um daraus eine kontinuierliche Bewegung zusammenzusetzen. Diesen Zusammenhang nutzt das alte Daumenkino, ein Abblätterbuch, das sich die Nachbildwirkung zu Nutze macht, und dem Betrachter ermöglicht, eine Sequenz von Einzelheiten als fortlaufende Bildfolge zu betrachten. Das fotografische Daumenkino ließ sich John Barnes Linnet unter dem Namen Kineograph 1868 patentieren.

3 Sinnestäuschungen

Hier die Bastel-Anleitung für einen Trickfilm. Dies ist wohl eine der ältesten „Trickfilme". Zwar kann man auf einigen Internetseiten nachlesen, dass diese Konstruktion 1820 erfunden wurde, doch es gibt ähnliche Ansätze, die weit älter sind. Selbst eine Münze die sich nach dem Herunterfallen auf der Kante dreht, erzeugt diesen Effekt. Diesen Versuch kann man auch mit Kindern machen.

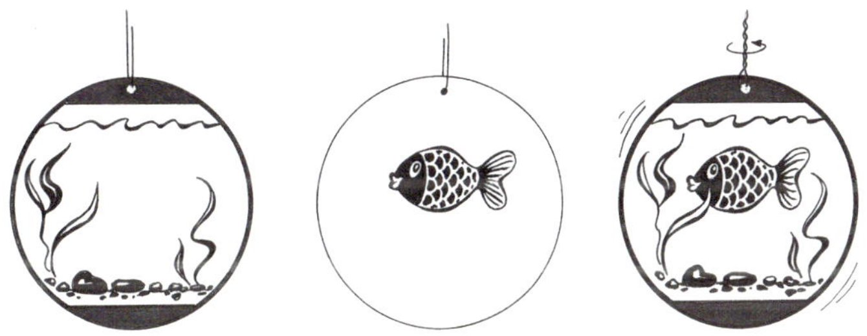

a) Schneiden Sie eine Scheibe aus Pappe aus. Malen Sie auf die eine Seite einen Vogel, auf die andere Seite Gitterstangen. Sie können auch wie in der Abbildung einen Fisch im Aquarium oder etwas Ähnliches zeichnen. Nehmen Sie ein Gummiband (oder eine Schnur) und schneiden Sie es in zwei kurze Teile. Kleben Sie ein Teil an die Oberseite, eines unten. Bei sehr dicker Pappe können Sie auch ein Loch hinein machen und es festknoten.

b) Nun halten Sie beide Enden in den Händen fest, und drehen das Ganze möglichst oft um die eigene Achse. Wenn Sie es jetzt los lassen, wirbelt die Scheibe ganz schnell herum.

Hinweis

Das Gehirn verarbeitet Bilder sehr langsam. Wechseln die Bilder zu schnell, kann das Gehirn sie nicht mehr auseinander halten, und es sieht so aus, als ob der Vogel hinter Gittern sitzt oder der Fisch in einem Aquarium schwimmt.

4 Besuchen Sie im Internet die Seite „Optische Täuschungen" bei Wikipedia (http://de.wikipedia.org). Sie finden hier mehrere Kategorien von Täuschungen.

a) Suchen Sie sich eine Kategorie aus und präsentieren Sie sie an Hand zahlreicher Beispiele der Klasse.

b) Erläutern Sie den Grund für die Sinnestäuschung. Hilfreich ist es, die Präsentation mit Hilfe von Beamer und Computer zu gestalten, damit die ganze Klasse die Bilder gut nachvollziehen kann.

c) Nehmen Sie die Erklärungen für die zahlreichen Phänomene wahr und diskutieren Sie dann in der Klasse die eingangs gestellte Frage: Was kann objektiv wahr sein?

Jmpuls 10: Den Übergang vom Kindergarten- zum Schulkind begleiten

Bd 1, LF 2
Kap. 4.3

„Mein erster Schultag“

1 Schauen Sie sich das Foto des ersten Schultages an.

a) Was sehen Sie? Woran erinnert es Sie?
b) Suchen Sie zu Hause nach einem Foto aus Ihrer Schulzeit. Vielleicht finden Sie das Foto Ihrer Einschulung. Schauen Sie sich Ihr Foto genau an und beschreiben Sie auf einem schönen Blatt Papier, was Sie auf dem Foto sehen, welche Erinnerungen Sie an Ihre Schulzeit haben und worauf Sie sich in der Schule gefreut haben.
c) Fragen Sie Ihre Eltern bzw. Ihre Großeltern, wie Ihre Einschulung war und an was sie sich erinnern können.
d) Schreiben Sie alles auf, was Sie hören und selber erinnern und bringen Sie das Foto und Ihren Bericht mit in die Schule.

2 Welche Fragen könnten Ihnen andere Menschen zu Ihrem Foto stellen?
Überlegen Sie sich fünf Fragen, die sich zu Ihrem Bild stellen lassen und finden Sie Antworten dazu.

Mögliche Frage		Mögliche Antwort
	→	

Mögliche Frage		Mögliche Antwort
	→	

Mögliche Frage → Mögliche Antwort

Mögliche Frage → Mögliche Antwort

Mögliche Frage → Mögliche Antwort

3 Finden Sie sich zu Fünfer-Gruppen zusammen.
Gehen Sie reihum nach folgendem Verlauf vor:

- Legen Sie im nächsten Schritt die Fotos aus Ihrer Gruppe auf einen Tisch und lassen Sie die anderen Gruppenmitglieder raten, welches Ihr Foto ist.
- Die Gruppenmitglieder begründen, warum Sie meinen, dass dieses Foto Ihr Foto ist.
- Was fällt an dem Foto Positives auf?
- Wie werden Sie als Person auf dem Foto beschrieben?
- Stellen Sie nun Ihren Bericht über das Schulfoto vor.
- Sammeln Sie als Gruppe auf einem Plakat die Gemeinsamkeiten und die Unterschiede der Einschulung/ersten Schulzeit.

4 Hängen Sie in der Klasse die Fotos und Geschichten auf.

a) Machen Sie eine Galeriebesichtigung, bei der jeder kurz sein Foto und seine Geschichte vorstellt.

b) Stellen Sie sich dann Ihre Plakate vor. Die erste Gruppe berichtet, die nachfolgenden Gruppen ergänzen nur.

c) Diskutieren Sie im Anschluss die Frage, wie Kinder heute ihre Einschulung und die ersten Schultage erleben.
   - Was unterscheidet Kinder heute von den Erstklässlern aus Ihrer Zeit?
   - Was hat Ihnen geholfen, den Übergang von der Tageseinrichtung für Kinder oder dem Elternhaus in die Schule zu meistern?

5 Packen Sie für die heutigen Vorschulkinder einen „Schulranzen“ mit Fähigkeiten, Methoden und Wissen, das den Kindern hilft, den Übergang von Tageseinrichtung zur Schule erfolgreich zu schaffen. Kinder sollen Übergänge erfolgreich meistern, damit sie positive Erfahrungen machen und dieses Wissen auf weitere Übergänge in ihrem Leben übertragen können.

Schreiben Sie alles in den Schulranzen hinein!

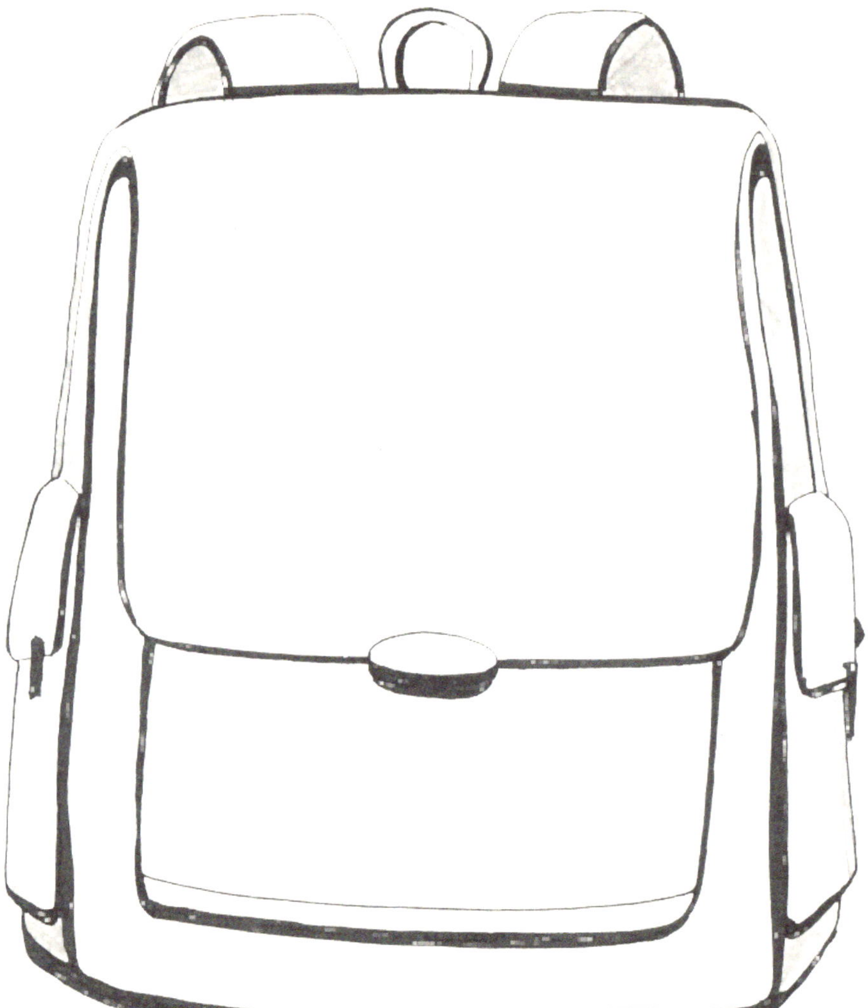

a) Schauen Sie sich den Rucksack noch einmal gut an.

b) Ergänzen Sie Dinge, die fehlen.

6 In dem Rucksack haben Sie viele Dinge drinstehen – wie wollen Sie diese umsetzen?

a) Markieren Sie zunächst die gewünschten Fähigkeiten aus dem Rucksack in grün und schreiben Sie diese auf.

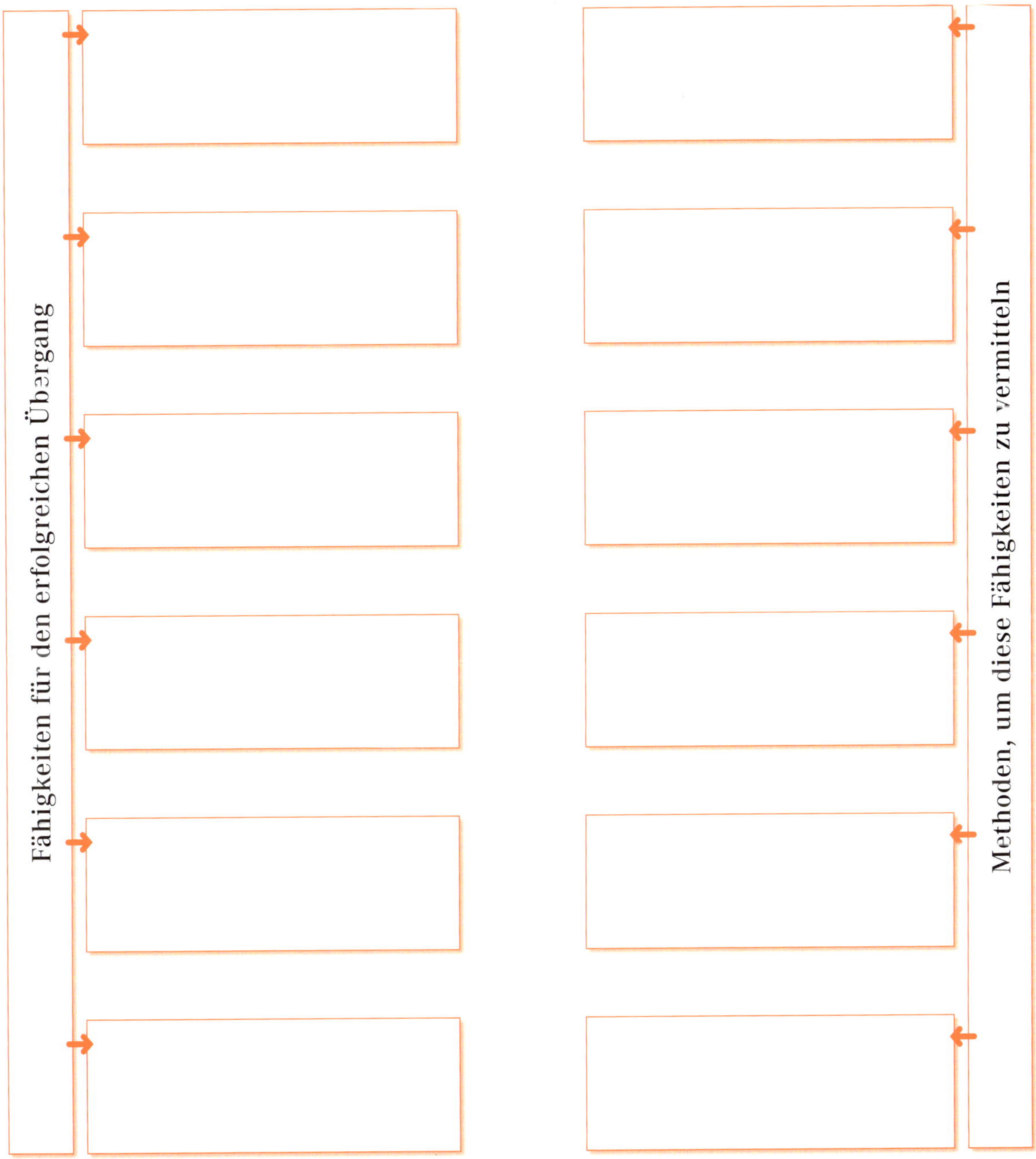

b) Markieren Sie dann alle Methoden, die Sie im Rucksack finden blau und schreiben Sie diese auch auf die Pfeile. Wo sehen Sie Möglichkeiten, die gewünschten Fähigkeiten und die geeigneten Methoden zu verbinden?

c) Finden Sie Bezüge zwischen den Pfeilen und stellen Sie sinnvolle Verbindungen zwischen Fähigkeit und Methode her.

d) Tauschen Sie sich mit Ihrem linken Nachbarn aus und ergänzen Sie Fehlendes.

7 In Ihrem Praktikum haben Sie die Vorschulgruppe kennen gelernt. In Ihrer Einrichtung war das eine Gruppe aus sechs Kindern im Alter zwischen fünf und sechs Jahren. Alle werden im Sommer eingeschult. Ihre Anleiterin erkrankt für zwei Wochen und Sie werden gebeten, die Gruppe solange zu übernehmen. Ihre Leiterin möchte von Ihnen eine kurze Übersicht haben, wie Sie die Leitung der Gruppe gestalten wollen und bittet Sie, das folgende Formular auszufüllen. Sie erinnert Sie daran, dass geplant ist, gemeinsam mit den Kindern den Kontakt zur Grundschule aufzunehmen.

ASTRID-LINDGREN-KINDERGARTEN

Was ist Ihr Ziel für die nächsten Wochen in der Vorschulgruppe?

Welche Aktionen haben Sie geplant?

Welche Methoden wollen Sie anwenden?

Welche Kooperationspartner benötigen Sie?

Welche Absprachen wollen Sie treffen?

Wie können Sie die Kinder, Eltern und Grundschullehrer mit einbeziehen?

8 Suchen Sie sich einen Mitstudierenden aus, der im gleichen Monat wie Sie Geburtstag hat.

a) Stellen Sie sich Ihre Formulare gegenseitig vor und ergänzen Sie Ihre Aufzeichnungen.

b) Suchen Sie gemeinsam eine Aktion bzw. eine Methode aus, die Sie in der Praxis beobachten und erproben wollen.

Welche Aktion/Methode wollen Sie erproben?

9 Eine besondere Rolle bei dem gelungenen Übergang kommt der Kooperation zwischen Grundschule und Kindertageseinrichtung zu.

a) Wie kann der Kontakt zur Grundschule aufgenommen werden?

b) Welche Kooperationsformen könnte es geben?

c) Welche Aufgaben kann die Erzieherin übernehmen?

Füllen Sie dazu die folgende Tabelle aus.

Wie kann der Kontakt zu einer Grundschule aufgenommen werden?	Welche Kooperationsformen zwischen Grundschule und Tageseinrichtung könnte es geben?	Welche Aufgaben kann die Erzieherin dabei übernehmen?

10 Stellen Sie sich gegenseitig Ihre Ideen vor und entwickeln Sie in Partnerarbeit einen Fragebogen für ein Erstgespräch mit einer Grundschule.
Überlegen Sie sich 10 W-Fragen, auf die Sie in Ihrem Gespräch eingehen möchten. Tragen Sie die Fragen in die nachfolgende Tabelle ein.

WESHALB? WORUNTER? WIE VIEL? WOHER? WO? WOGEGEN? WEM? WOMIT? WEN? WELCHE? WARUM? WIE? WANN? WOFÜR?

1.	
2.	
3.	
4.	
5.	
6.	
7.	
8.	
9.	
10.	

11 Überlegen Sie im Plenum, wann Sie eine solche Befragung durchführen können und wie Sie diese auswerten wollen.

Jmpuls 11: Pädagogische Orientierung an Bedürfnissen

d 1, LF 2
ap. 4.4

Gipfelstürmer brauchen ein Basislager

1 Führen Sie eine Selbstreflexion zu Ihrer Kindheit durch.

- Wie sah mein persönliches „Basislager" eigentlich aus?
- Zu wem hatte ich einen guten Kontakt?
- Wer erfüllte meine Bedürfnisse?
- Wer hat mich so akzeptiert, wie ich war?
- Erinnere ich mich noch an meine Grundschulzeit?
- Hätte ich als Schulkind im Grundschulalter gerne eine bestimmte Sportart oder ein Musikinstrument spielen gelernt?
- Wie groß war mein Fernsehkonsum?
- Welche Träume hatte ich damals?
- Welche Freunde/Freundinnen hatte ich?
- Was wurde mir erlaubt /verboten?
- Was hat mir Kleidung bedeutet?
- Weiß ich noch, wer meine Vorbilder waren?
- Was konnte ich gut? Worin war ich nicht so gut?
- In welcher Umgebung habe ich gelebt? (Spielstraße, Garten, etc.)

2

Malen Sie anschließend ein Bild von sich als Schulkind im Grundschulalter auf eine Postkarte und adressieren Sie diese Karte an eine Gruppenteilnehmerin.

3 Tauschen Sie mit Ihrer Partnerin/Ihrem Partner die Postkarten aus und interviewen Sie sich gegenseitig. Ihre Partnerin hält die Erinnerungen mit der Postkarte und den Erzählungen stichwortartig fest, um sie im Plenum vorzustellen.

a) Welche Bedürfnisse standen bei Ihnen als Schulkind im Vordergrund?
b) Wie haben sich Ihre Bedürfnisse verändert, nachdem Sie den Kindergarten besucht hatten oder von der Familienwelt in die Schul- und Freizeitwelt wechselten?

4 Bilden Sie einen Stuhlkreis und stellen Sie jetzt bitte Ihre Partnerin, die Sie interviewt haben, dem großen Kreis als Schulkind vor. Vergleichen Sie Ihre Bedürfnisse von damals mit den Bedürfnissen der Schulkinder von heute. Führen Sie dazu evtl. eine Befragung von Schulkindern in Ihrer näheren Umgebung durch.

5 Ercan arbeitet als Praktikant im Jugendfreizeitheim seiner Gemeinde. Er hat beobachtet, dass vor allem die Jungen zwischen sechs und zehn Jahren nach der Schule einen starken Bewegungsdrang zeigen. Ercan möchte dieses Bedürfnis der Jungen nach Bewegung in sinnvolle Bahnen lenken. Er denkt an ein Projekt aus dem Bereich der Erlebnispädagogik und sucht nach Projektideen.

Lesen Sie zunächst die Informationen über die Forschungsbefunde von Ulrike Zach und Petra Künsemüller durch und ergänzen Sie diese durch eigene Internet- und Literaturrecherchen.

6- bis 10-jährige Kinder zeigen geschlechtstypische Unterschiede in ihrem Sozialverhalten, die sich bereits ab dem 3. Lebensjahr abzeichnen können: sowohl Jungen als auch Mädchen bevorzugen gleichgeschlechtliche Kinder und tendieren sogar dazu, den Kontakt mit gegengeschlechtlichen Kindern zu vermeiden. Mit 8 bis 9 Jahren wird dann die Selbstzuschreibung femininer und maskuliner Eigenschaften flexibler, indem Mädchen nun verstärkt maskuline Eigenschaften und Jungen feminine Eigenschaften in ihr Selbstkonzept integrieren. 10- bis 17-jährige Jungen und Mädchen sind in der Lage, geschlechtstypisches Wissen noch mehr zu differenzieren. So weichen ihre Beschreibungen von typisch männlichem/weiblichem Verhalten von Beschreibungen realer bekannter Jungen/Mädchen ab.

Motorik

Gerade in der mittleren Kindheit steht das Erlernen motorischer Fertigkeiten wie Rad fahren, Schwimmen, Rollschuhlaufen, Fußballspielen usw. im Vordergrund. Kinder dieses Altersbereichs zeigen eine ausgeprägte Bewegungslust, die mit Beginn der Pubertät wieder etwas zurückgeht. Gleichgewichtssinn und Bewegungskoordination, Geschicklichkeit und auch rhythmische Bewegungsfähigkeit sind gegen Ende des Vorschulalters bereits gut ausgebildet. Im Kindesalter werden diese Fähigkeiten nicht nur weiterentwickelt, zunehmend spielen Faktoren wie Erfolg und soziale Auseinandersetzung eine wichtige Rolle. So werden Bewegungsspiele ziel- und wettbewerbsorientierter durchgeführt. Der sog. „Werksinn" im Sinne von Bewältigung einer Aufgabe sowie soziale Aspekte (bessersein, als Team oder Einzelperson) kommen also gleichermaßen zum Tragen. Die Motorik kann nicht als reine Koordinationsleistung des Bewegungsapparates gesehen werden, sondern gerade die Integration von Wahrnehmung und Bewegungsabläufen ist als ein ganzheitlicher Entwicklungsprozess zu sehen. So können bei Leistungs- und Lernstörungen psycho-motorische Behandlungsangebote angezeigt sein.

Ab ca. dem 6. Lebensjahr spielen Jungen eher in größeren Gruppen und verbringen so 74 % ihrer Zeit. In diesen Interaktionen wetteifern Jungen miteinander, zeigen Risikobereitschaft und Dominanzstreben. Ihre Phantasien und Geschichten kreisen um Gefahr, Konflikt, Zerstörung, heldenhafte Taten, körperliche Stärke. Mädchen hingegen verbringen nur 20 % ihrer Zeit in größeren Gruppen und bevorzugen Zweierbeziehungen. In Freundschaftsbeziehungen wissen Mädchen mehr über ihre Freundinnen als Jungen über andere Gruppenmitglieder. Mädchen reagieren eher auf Vorschläge anderer und machen eher Vorschläge als dass sie Befehle geben. Das bedeutet weniger, dass sie sich eher unterordnen, für sie scheint zunächst Kooperation im Vordergrund zu stehen. Obwohl gerade Jungengruppen dazu tendieren, sich nach außen abzugrenzen - gegenüber Mädchen, aber auch gegenüber den Erwachsenen – sind sowohl Mädchen als auch Jungen weniger auf Wettstreit orientiert und eher unterstützend und emotional einfühlsam, wenn sie in Zweiergruppen miteinander interagieren.

Eigene Recherche

Zitate von Ulrike Zach und Petra Künsemüller; aus: www.familienhandbuch.de

a) Sammeln Sie Projektideen für die besonderen Bedürfnisse von Mädchen und Jungen im Alter von sechs bis zehn Jahren und schreiben Sie diese auf blaue, pinkfarbene und grüne Moderationskarten. Benutzen Sie die blauen Karten für Jungen, pinkfarbene Karten für Mädchen und grüne Karten für gemeinsame Projekte.

b) Werten Sie die gesammelten Ideen im Hinblick auf ihre Durchführbarkeit aus.

Methodenhinweis

Sie können eine Wandzeitung „Markt der Möglichkeiten" erstellen oder unter verschiedenen Schwerpunkten die farbigen Karten kategorisieren.

Lernfeld 3: Entwicklung eines Kozepts pädagogischen Handelns

Bd 1, LF 3
Kap. 3

Jmpuls 1: Situationsansatz und Bildungsplan

Ein Vergleich

Nach dem PISA-Schock soll die Bildung in den Tageseinrichtungen für Kinder spürbar verbessert werden. Doch sie war schon immer Teil des Kindergartens und war zudem der Kern des Situationsansatzes. Dieser konzeptionelle Ansatz ist mit den Bildungsplänen keineswegs überholt.

Schlüsselsituationen als Ausgangspunkt der pädagogischen Arbeit im Situationsansatz

„Schlüsselsituationen sind bedeutsame Situationen im Erleben der Kinder. Sie enthalten eine Fülle von möglichen Bildungsinhalten, die mit den Kindern gemeinsam entschlüsselt, entdeckt und erforscht werden.

Entlang der drei Dimensionen der Bedeutsamkeit – Bedeutsamkeit für das einzelne Kind, Bedeutsamkeit in der Interaktion mit den anderen und Bedeutsamkeit für das Geschehen in der Welt – skizziere ich drei Zugänge zu Situationsbereichen, anhand derer eine Art Curriculum konstruiert werden kann.

1. Ich in meiner Welt: Individuelle Handlungs- und Erfahrungsräume

Bedeutsam ist, was dem Mädchen oder dem Jungen ermöglicht, sich in dem Ausschnitt der Welt zu bewegen, der ihr oder sein Handlungs- und Erfahrungsraum ist, ihn zu erforschen und sich darin zurecht zu finden und ihn nach eigenen Interessen und Bedürfnissen mit zu gestalten. Für ein Kindergartenkind ist das seine Familie, die unmittelbare Wohnumgebung, der Kindergarten selbst – vielleicht noch weitere Erfahrungsbereiche, von denen die Erzieherin noch nichts weiß und die sie mit dem Kind, vielleicht auch mit den Eltern, entdecken und kennen lernen kann. ...

2. Ich und Wir: Interaktion und Beziehung in der Gruppe

Bedeutsam sind diejenigen, die das Kind in seinen Bewegungen unterstützen, weil sie ähnliche Interessen und Bedürfnisse haben – die eventuell aber auch mit ihm konkurrieren, eben weil sie dasselbe wollen und nicht von allem, was dazu gebraucht wird, immer ausreichend vorhanden ist. Oder Konkurrenz entsteht, weil eine oder einer mehr will als die anderen. Bedeutsam sind auch diejenigen, die dem Kind begegnen, ihm etwas entgegenstellen, weil sie andere Interessen und Bedürfnisse haben, und mit denen ausgehandelt werden muss, wie unterschiedliche Interessen und Bedürfnisse nebeneinander oder nacheinander zum Zuge kommen können oder sogar so miteinander verbunden werden können – dass etwas Neues, mehrere Bedürfnisse und Interessen Zufriedenstellendes entsteht.

Im Kindergarten betrifft das die Aushandlungsprozesse mit den anderen Kindern, mit den Erzieherinnen und Erziehern, mit anderen Menschen, die dort arbeiten, und auch mit den Eltern, soweit sie Einfluss nehmen auf das Geschehen im Kindergarten. Hier geht es um Freundschaften und Interessengemeinschaften, um das Knüpfen und Lösen von Bündnissen, um Anerkennung und Abwertung, um Integration oder Ausgrenzung. Es geht um den Umgang mit Konflikten, um Regeln, Normen und Werte. Und letztlich darum, ob jedes Mädchen und jeder Junge hier etwas zu sagen hat oder ob es Machtstrukturen gibt, die die einen privilegieren und die anderen diskriminieren. Das Thema heißt Demokratie im Kindergarten....

3. Die Welt und ich: Weltgeschehen im Erleben von Kindern

Bedeutsam sind auch Phänomene, Bedingungen und Ereignisse in meinem Ausschnitt von Welt, auf die ich keinen direkten Einfluss habe, die aber mich oder diejenigen beeinflussen, die mit mir zusammen leben. Bedeutsam sind Ereignisse, die die innere Erlebniswelt des Kindes ansprechen, die Spaß machen oder traurig stimmen, die Ärger oder Wut erzeugen, die freudige Neugier wecken oder Angst auslösen. Nur wenn und weil das innere Erleben angesprochen ist, weil Gefühle mit im Spiel sind, entwickeln die Kinder Fragen, die aus ihnen die lernbegierigen Forscher mit der „strahlenden Intelligenz“ machen.

Der Wechsel von Tag und Nacht ist ein Thema, das interessiert, weil ein Kind vielleicht den nächsten Tag herbei sehnt oder weil es Angst vor der Dunkelheit hat oder sich ärgert, dass es im Sommer abends schon zu Bett gehen muss, obwohl es draußen noch hell ist. Sind die Fragen da, kann es auch interessant sein zu erfahren, dass auf der anderen Seite der Weltkugel genau dann Tag ist, wenn bei uns Nacht ist oder dass es Länder nah am Äquator gibt, in denen es das ganze Jahr über zur gleichen Tageszeit hell bzw. dunkel wird, und warum das so ist.... Erklären, das Teilen von Wissen und Erfahrung, ist auch da angebracht, wo Aufklärung über einen Sachverhalt Unsicherheiten und Ängste von Kindern überwinden hilft. Die Selbstbildungsprozesse der Kinder anzuerkennen heißt für mich nicht, dass die Erwachsenen in diesen Bildungsprozessen mit ihrem Wissen und ihren Erfahrungen keine aktive Rolle übernehmen dürfen. Es gilt jedoch immer wieder zu reflektieren, wo und wie Erklärungen die Bildungsprozesse der Kinder stützen und wo sie hindern und ablenken von den Fragen, die das Kind sich gerade stellt...“

Kinder erwerben in der Auseinandersetzung mit solchen Schlüsselsituationen Ich-, Sozial- und Sachkompetenzen.

(aus. Christa Preissing, Bildung im Situationsansatz, Kindergartenpädagogik Online-Handbuch, www.kindergatenpaedagogik.de/936.html)

1 Schreiben Sie alle wichtigen Informationen auf.

a) Worin besteht nach dem Situationsansatz die Bildungsaufgabe?

b) Wie versteht die Autorin Bildung?

c) Vergleichen Sie diese Bildungsvorstellung mit der Bildungsvorstellung des Bildungsplanes aus Ihrem Bundesland (vgl.: www.bildungsserver.de/zeigen.html?seite=1658)

d) Tragen Sie die Ergebnisse zusammen und sammeln Sie sie, beispielsweise in einem Mindmap an der Tafel.

Hinweis

Die Bildungspläne beschreiben in unterschiedlicher Weise den Rahmen für frühkindliche Bildung. Ihnen ist gemeinsam, dass sie die Notwendigkeit frühkindlicher Bildung sehen und auf Grund der Anforderungen einer Wissensgesellschaft fördern wollen. Dennoch gibt es Akzentuierungen, was sich auch im unterschiedlichen Umfang der Pläne niederschlägt.

2 Vergleichen Sie drei Bildungspläne zu zwei der nachfolgend genannten Themen. Es wäre gut, wenn alle Themen behandelt würden und sich die Klasse auf wenige Bildungspläne als Grundlage einigen könnte. So kann nach der Auswertung eine Matrix erstellt werden.

Die Themen:

- Sprachförderung
- Resilienz
- Interkulturalität
- Werteerziehung
- Musik
- Kulturelle Umwelten
- Partizipation
- Die Rolle der Erzieherin
- Die Eltern
- Bewegung
- Natur
- ...

3 Erstellen Sie eine Matrix mit den Ergebnissen. Sie könnte beispielsweise so aussehen:

	Hessen	Bayern	NRW	Berlin
Sprachförderung				
Resilienz				
Interkulturalität				
Werteerziehung				
Partizipation				
Die Erzieherin				
Die Eltern				

Bewegung				
Musik				
Natur				
Kulturelle Umwelten				
...				

Jmpuls 2: Projektarbeit in Tageseinrichtungen

Bd 1, LF 3
Kap. 4

Wir machen ein Projekt

„Wir machen ein Projekt" ist einer der häufigsten Sätze, der auf der Informationswand für Eltern und Kinder in Tagesstätten steht.

1 Was wissen Sie bereits alles über Projektarbeitarbeit in der Tageseinrichtung? Lesen Sie sich die folgenden Begriffe aufmerksam durch und wählen Sie zwei aus, mit denen Sie sich näher beschäftigen wollen.

Roter Faden | Interessen der Kinder | Ganzheitliches Lernen | Präsentation | Auswertung und Reflexion | Methodenkompetenz | Bildungsbereiche | Projektaufbau | Partizipation der Kinder | Projektphasen

a) Kennzeichnen Sie die beiden ausgewählten Begriffe mit einem Farbstift.

b) Nehmen Sie sich pro Begriff fünf Minuten Zeit und bereiten Sie einen Kurzvortrag zu jedem der Themen vor.

c) Schreiben Sie alles auf, was Sie zu dem Begriff wissen und was Sie der Klasse weitergeben wollen.

Begriff 1:

Begriff 2:

2 Treffen Sie sich mit allen aus der Klasse in der Mitte des Raumes.

a) Stellen Sie nun möglichst vielen Mitstudierenden die beiden Begriffe vor, die Sie ausgewählt haben.

b) Ergänzen Sie im Anschluss Ihre eigenen Aufzeichnungen.

3 Suchen Sie sich dann jemanden aus, der mindestens einen Begriff gewählt hat, den Sie auch ausgesucht haben.

a) Bereiten Sie zu zweit einen zweiminütigen Vortrag über einen gemeinsamen Begriff vor.

b) Schreiben Sie dazu einen „Spickzettel“ mit vielen Stichworten auf, die für Ihren Vortrag hilfreich sind.

c) Bereiten Sie sich beide auf den Vortrag vor.

4 Holen Sie alle Ihren Schlüsselbund heraus und zählen Sie die Anzahl der Schlüssel. Zählen Sie pro Paar die Anzahl der Schlüssel zusammen – das Paar mit den wenigsten Schlüsseln beginnt mit dem Vortrag. Die Zuhörer machen sich Notizen zu den einzelnen Begriffen.

Methodenhinweis

Bereiten Sie 10 Blätter pro Person vor. Es soll je ein Begriff auf einem Blatt stehen. So können viele Notizen aus unterschiedlichen Vorträgen gemacht werden.

5 Sammeln Sie an der Tafel die Begriffe, zu denen es heute keinen Vortrag gab.

a) Überlegen Sie, wie Sie an die fehlenden Informationen kommen und wer was übernimmt.

b) Halten Sie dies hier fest.

Vereinbarungen zur Weiterarbeit:

6 Sie haben viel zu den Bestandteilen einer Projektarbeit gehört und sich vielfältige Notizen gemacht. Nun sollen Sie exemplarisch ein Projekt planen.

a) Lesen Sie dazu die folgende Ausgangssituation:

> Sie machen Ihr Praktikum in einer Tageseinrichtung für Kinder, die als Elterninitiative geführt wird. Die Einrichtung liegt in einem durchschnittlichen Stadtteil Ihrer Stadt. Es gibt einen kleinen Anteil an Kindern mit Migrationshintergrund. Die Kinder kommen aus der nahen Umgebung der Einrichtung. Die Einrichtung arbeitet teiloffen und möchte in der nächsten Zeit einen neuen Schwerpunkt auf die Förderung gesunder Ernährung und Kommunikation legen.
>
> In der Kinderkonferenz der letzten Woche wurde im Stuhlkreis von der 6jährigen Marie erzählt, dass sie gerne mit ihren Eltern in ein Restaurant geht. Dort wäre das Essen immer so lecker und alle säßen gemütlich an einem Tisch. Ihre Eltern würden ganz viel mit ihr und miteinander sprechen. „Am liebsten würde ich immer essen gehen“, sagte Marie. Lukas klatschte in die Hände als Marie fertig war und fragte, ob „wir so was nicht auch mal im Kindergarten machen können?“.
>
> „Gute Idee“, denken Sie sich, „ich mache ein Projekt zum Thema „Kinderrestaurant“.

b) Überlegen Sie, welche Ziele ein solches Projekt haben könnte.

Hinweis

Ein Ziel besteht immer aus einem inhaltlichen und einem methodischen Aspekt.

c) Schreiben Sie zwei übergeordnete Ziele auf, die Sie mit dem Projekt Kinderrestaurant erreichen wollen. Notieren Sie je ein Ziel auf einer Karteikarte.

7 Suchen Sie sich einen Mitstudierenden mit ähnlichen Zielen aus und erstellen Sie zu zweit einen Projektplan. Im Folgenden ist Platz für erste Notizen. Benutzen Sie dann die Tabelle.

Thema des Projektes

1. Ziele	2. Aktivitäten/Aufbau des Projektes	3. Methoden/Bildungsbereiche
4. Partizipationsmöglichkeiten von Kindern	5. Einbeziehen der Eltern/des Teams	6. Material
7. Dokumentationsformen	8. Abschluss/Präsentation	9. Reflexion
Platz für zusätzliche Anmerkungen		

8 Lesen Sie das Kapitel zur Projektarbeit in „Kein Kinderkram!“ Bd. 1 und überprüfen Sie Ihre Projektarbeit auf Sinnhaftigkeit und Vollständigkeit.

9 Setzen Sie sich mit dem Paar zusammen, das rechts in Ihrer Nähe sitzt.

a) Stellen Sie sich gegenseitig die Partnerarbeiten vor.

b) Ergänzen Sie Ihre Aufzeichnungen durch die Ideen der anderen Gruppe.

Hinweis

Kopieren Sie Ihren Projektplan für die gesamte Klasse. So erhalten Sie alle einen Fundus mit Ideen und Methoden zur Projektarbeit.

Hinweis

Legen Sie sich einen „Paul“ an! Hier können Sie alle Ideen, Methoden und Vorlagen für die praktische Arbeit sammeln.
Sinnvoll ist es „Paul“ nach Themen zu ordnen.

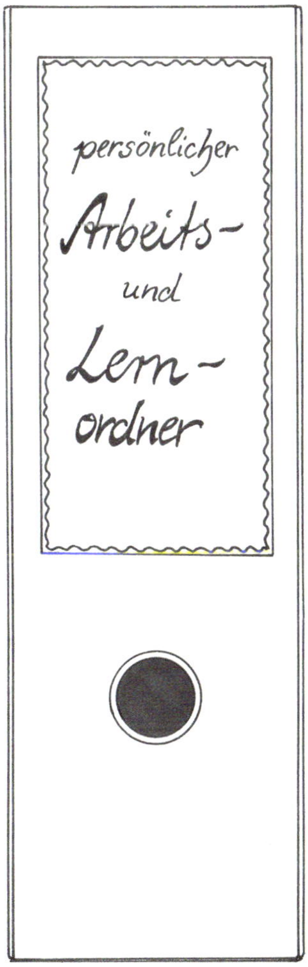

Jmpuls 3: Hingeguckt – Formen der Bildungsdokumentation

Renate berichtet:

Bd 1, LF 2
Kap. 3

„Anna-Lena ist 13 Monate alt und das jüngste Kind in unserer Familiengruppe. Sie ist mit acht Monaten zu uns gekommen und ich weiß noch, wie klein sie war. Sie hat gar nicht viel geweint, als ihre Mutter sie bei uns abgegeben hat. Sie hat mich angelächelt und als Bezugsperson ausgewählt. An ihrem ersten Tag hatte sie ein kleines rosa Röckchen an mit einer niedlichen Strickjacke. Sie sah so nett aus, aber beim Wickeln war es ganz schön unpraktisch sie immer an und auszuziehen. Das habe ich der Mutter gesagt und seit dem hat sie Anziehsachen an, die man leicht an und ausziehen kann.

Ich erinnere mich auch noch an ihr aller erstes Spielzeug aus unserer Gruppe. Das war eine bunte Rassel. Damit hat sie gern gespielt und als sie krabbeln konnte, hat sie die Rassel immer vor sich hergeschoben. Und dann plötzlich war die Rassel ganz uninteressant und es zählte nur noch der gelbe weiche Ball für Anna-Lena.

Anna-Lenas Mutter ist alleinerziehend und arbeitet in der Bank. Deshalb ist Anna-Lena zu uns gekommen. Die Mutter ist richtig nett und ich freue mich immer, wenn ich ihr etwas Neues über Anna-Lena berichten kann. Ich erzähle es ihr dann zwischen Tür und Angel, wenn sie ihr Kind abholen kommt. Manchmal wirkt Frau Berger etwas genervt, wenn ich mit ihr spreche, aber das liegt bestimmt an ihrem anstrengenden Beruf.

Seit ein paar Wochen zieht sich Anna-Lena überall hoch und versucht alleine zu stehen! Und heute ist es passiert – Anna-Lena hat sich los gelassen und ist drei Schritte gelaufen! Dann ist sie auf den Popo gefallen. Es war richtig spannend zu beobachten, wie Anna-Lena sich getraut hat und dann einfach gegangen ist. Anna-Lena hat über das gesamte Gesicht gestrahlt. Ich bin so stolz auf sie. Das muss ich ihrer Mutter gleich erzählen, wenn sie Anna-Lena abholen kommt.“

1 Wie empfinden Sie den Bericht der Erzieherin Renate?
a) Benennen Sie die vorhandenen Gefühle von Anna-Lena, Renate und Frau Berger. Verwenden Sie dazu die Situationsbeschreibung.
b) Stellen Sie darüber hinaus Vermutungen über verdeckte Gefühle an.

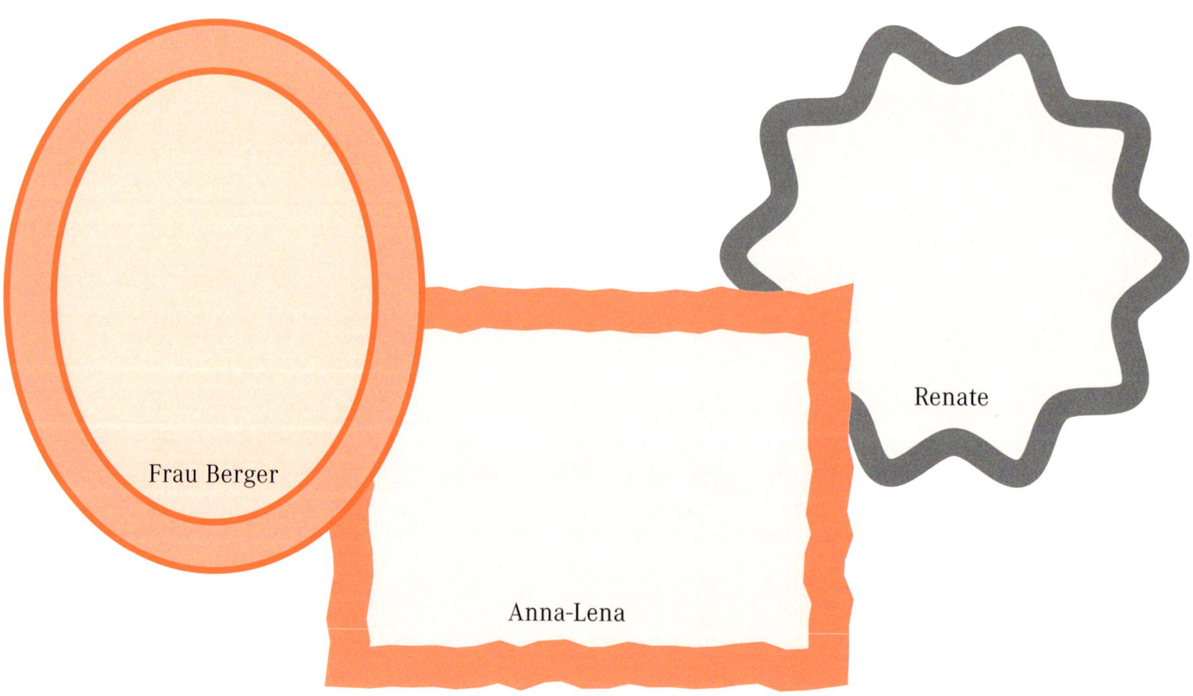

2 Tauschen Sie sich über die Gefühle der beteiligten Personen aus.

a) Ergänzen Sie Ihre Aufzeichnungen mit einem farbigen Stift.

b) Warum ist es wichtig, dass Sie sich Klarheit über die Gefühle der einzelnen Personen verschaffen? Begründen Sie dies.

3 Stellen Sie sich gegenseitig Ihre Ergebnisse und Begründungen vor.

4 Das Elterngespräch zwischen Tür und Angel ist eine der häufigsten Arten, wie Beobachtungen weitergeben werden. Worauf müssen Sie achten, wenn Sie Eltern Beobachtungen schildern?

Benennen Sie maximal sieben Grundsätze, auf die Sie in Elterngesprächen achten sollten.

5 Hängen Sie Ihre Grundsätze in der Klasse aus.

a) Vergleichen Sie die Grundsätze.

b) Diskutieren Sie über Unterschiede und Gemeinsamkeiten.

6 Schreiben Sie die sieben Grundsätze ab, auf die Sie achten werden.

7 Die Mutter holt Anna-Lena am Nachmittag ab und fragt Sie, wie der Tag verlaufen sei.

a) Was können Sie der Mutter sagen?

b) Wie können Sie dies der Mutter sagen?

c) Was lösen Sie mit Ihren Worten bei der Mutter aus?

8 Beschreiben Sie sachlich das Verhalten von Anna-Lena. Verwenden Sie dazu die Form eines Logbuches.

LOGBUCH DER GRUPPE „PINGUINE“

Name des Kindes: ____________________

Datum: ____________________

Ort: ____________________

Uhrzeit: ____________________

Beobachtung ____________________

____

____

____

Unterschrift ____________________

9 Lesen Sie sich gegenseitig Ihre Einträge in das Logbuch vor.

a) Wie wirken die Einträge auf Sie?

b) Erarbeiten Sie ein Rollenspiel, in dem Sie das Gespräch mit der Mutter darstellen. Beachten Sie dabei die aufgestellten Grundsätze zur Weitergabe von Beobachtungen.

10 Stellen Sie Ihre Rollenspiele vor und reflektieren Sie die einzelnen Situationen.

a) Was finden Sie gelungen an den Darstellungen?

b) Was würden Sie lieber nicht machen?

c) Inwieweit wurden die aufgestellten Grundsätze eingehalten?

11 Bildungsdokumentation ist mehr als ein Elterngespräch und der Eintrag in das Logbuch. Formen der Bildungsdokumentation können sein:

- ein erster Brief
- das Erstellen eines Portfolios
- das erste Bilderbuch mit Fotos der genutzten Spielsachen aus der Gruppe
- ein Beobachtungsbogen
- das Schreiben einer Lerngeschichte
- etc.

12 Entscheiden Sie sich für eine Form der Bildungsdokumentation, die Sie für Anna-Lena erstellen wollen.

a) Begründen Sie Ihre Auswahl. Warum eignet sich diese Form besonders gut, um den Tag oder die vergangenen Monate mit Anna-Lena zu beschreiben?

b) Erstellen Sie eine erste Bildungsdokumentation für Anna-Lena.

c) Beachten Sie die Informationen aus dem Fallbeispiel.

d) Welche gestalterischen Elemente können Sie verwenden?

13 Stellen Sie Ihre Bildungsdokumentationen im Klassenraum aus.

a) Welche Dokumentation finden Sie besonders gelungen?

b) Wie können Sie Ihre Ergebnisse sichern?

c) Erproben Sie im nächsten Praktikum eine erste kurze Bildungsdokumentation!

Jmpuls 4: Mit TZI schneller zum Ziel

Bd 1, LF 3
Kap. 4

TZI ist kein ICE – aber mit beiden kommt man schnell zum Ziel, vorausgesetzt, es treten keine Störungen auf bzw. alle Störungen wurden erfolgreich beseitigt.

1 Schreiben Sie bitte die richtige Bezeichnung für TZI in das vorgegebene Feld.

2 Beantworten Sie in den nächsten 15 Minuten folgende Fragen und notieren Sie Ihre Antworten in die dafür vorgesehenen Felder. Schreiben Sie anschließend auf das Anzeigenangebot eine kurze Bewerbung und begründen Sie, warum Sie sich für besonders teamfähig halten.

Wir bieten zum 1.7.07 eine ErzieherInnenstelle in Teilzeit (20 Stunden). Unsere evangelische Kindertagesstätte der Inneren Mission in der Messestadt Ost hat 6 altersgemischte Gruppen (19 Kinder von 0,3 - 6 Jahren), die jeweils von drei Pädagoginnen betreut werden. Unser Konzept ist nach den Grundsätzen des konstruktivistischen Ansatzes nach Jean Piaget, der Offenen Arbeit und der Beobachtungsmethode nach M. Carr ausgerichtet.

Sie wären als Zusatzkraft in der Gruppe und gruppenübergreifend eingesetzt.

Wir wünschen uns:

- fundierte pädagogische Kenntnisse
- **Konflikt- und Teamfähigkeit**
- Bereitschaft sich mit seiner Persönlichkeit einzubringen und gleichzeitig die Fähigkeit zur Eigenreflexion

Aus: www.erzieherin-online.de/

Nennen Sie drei Lernergebnisse, die durch Teamarbeit während Ihrer jetzigen Ausbildung entstanden sind:
(z. B. Spielaktionen planen)

Was gefiel Ihnen an der Teamarbeit?

Was erwarten Sie von sich selbst als Teammitglied?

Bewerbung

Was erwarten Sie von anderen Teammitgliedern?

Warum ist Teamarbeit für Ihr späteres Berufsleben wichtig?

3 Legen Sie Ihre Antworten verdeckt vor Ihre Partnerin/Ihren Partner und erraten Sie gegenseitig Ihre Antworten.

a) Arbeiten Sie Unterschiede und Gemeinsamkeiten heraus und finden Sie Gründe dafür.

b) Lesen Sie sich danach Ihre Bewerbungen vor und geben Sie sich gegenseitig ein Feedback.

Übereinstimmung	Unterschiede	Begründungen

Turmbau

4 Bilden Sie Teams mit jeweils vier Personen. Wählen Sie für Ihr Team Personen aus, die mit Ihnen schon häufiger im Team zusammengearbeitet haben.

a) Jedes Team hat die Aufgabe, an einem Gruppentisch einen
- möglichst hohen Turm aus 20 DIN A 4 Blättern zu bauen
- Der Turm soll frei stehen können
- Er soll transportfähig sein
- Hilfsmittel sind nicht erlaubt
- Sie haben dazu 30 Minuten Zeit

Material: 20 Blätter DIN A 4, Schere, Klebestift, Lineal

b) Ordnen Sie jedem Team zwei Beobachter zu. Sie erhalten einen Beobachtungsbogen mit folgenden Beobachtungskriterien:

Beobachter

- Wer hat zuerst die Initiative ergriffen?
- Wer hat die meisten Ideen gehabt?
- Hat jemand die Führung übernommen?
- Gab es eine Aufgabenteilung?
- Gab es Mitläufer oder Bremser?
- War jemand frustriert?
- Wer hat auf die Zeit geachtet?
- Gab es Konkurrenz untereinander?
- Gab es Lob oder Anerkennung?
- Hat Körpersprache eine Rolle gespielt?

Nachdem Sie Ihre Arbeit beendet haben,

c) vergleichen Sie Ihren Turm mit den anderen Türmen und

d) werten Sie Ihre Teamarbeit mit den Beobachtern aus.

e) Überlegen Sie am Ende Ihrer Auswertung noch einmal, ob sich die Teammitglieder in Ihren alten Rollen wieder gefunden haben oder in neue Rollen geschlüpft sind.

5 Formulieren Sie ein Fazit:

- Womit war ich zufrieden, welche Rolle hatte ich und was hätte ich mir von mir und den anderen während des Turmbaus noch mehr gewünscht?
- Was hätten die Beobachter sich gewünscht?

Offene Teambesprechung

Methodenhinweis

Fischbowl: Eine kleine Gruppe von Teilnehmerinnen und Teilnehmern wird gebeten, im Innenkreis (im „Goldfisch-Glas") Platz zu nehmen, während die übrigen Teilnehmerinnen und Teilnehmer im Außenkreis sitzen. Innerhalb des Innenkreises wird die anstehende Thematik exemplarisch bearbeitet. Um die Beteiligung des Außenkreises an der Arbeit des Innenkreises zu erhalten, ist es sinnvoll, einen leeren Stuhl in den Innenkreis zu stellen, der von Teilnehmerinnen und Teilnehmern des Außenkreises genutzt werden kann.

6 Bilden Sie aus der Gesamtgruppe zwei Gruppen A und B. Gruppe A bildet ein Team. Jedes Teammitglied erhält eine von den vorbereiteten Situationskarten (s. S. 85), die jedem Mitglied eine bestimmte Rolle zuweist.

Die Mitglieder der Gruppe B sind die Teamtrainer, die für Gruppe A für ein Teamcoaching zur Verfügung stehen. Sie kennen die „klassischen" Regeln der TZI.

Gruppe A setzt sich in den Innenkreis
und Gruppe B in den Außenkreis.

Die Teammitglieder im Innenkreis befinden sich in einer Reflexionsrunde und dürfen sich endlich einmal (je nach Rollenkarte) über das Verhalten der anderen beschweren. Dabei geht es drunter und drüber. Man macht sich gegenseitig Vorwürfe, ist ärgerlich über die Ineffektivität der Teamarbeit. Der Zeitaufwand sei zu hoch, die Ergebnisse unbefriedigend. Händeringend sucht man nach Lösungen. Schließlich entscheiden Sie sich für ein Teamcoaching.

Hinweis

Ein Teamcoaching wird häufig bei komplexen Entscheidungen - Teamkonflikten eingesetzt. Unter Anleitung eines professionellen Coachs tragen Sie das Problem vor. Es erfolgt eine spezifische Beratung und Reflexion mit dem Coach. Sie erhalten dadurch:

- eine neutrale Außensichtweise
- neue Lösungsalternativen
- eine Begleitung bei der Umsetzung der Lösungen.

Vorteile von Teamcoaching: Sie erhalten Lösungsvorschläge, auf die Sie alleine nicht gekommen wären. Durch die vielfältigen Erfahrungen der Gruppenmitglieder profitieren Sie in jedem Fall.

Gruppe A im Innenkreis beginnt mit der Reflexionsrunde, indem z.B. ein Teammitglied die Rolle des Moderators übernimmt und folgende Frage stellt: „Jeder von Euch hat jetzt die Gelegenheit, über seine eigene Unzufriedenheit im Team zu sprechen. Wer möchte anfangen?"

Nachdem sich jedes Teammitglied geäußert hat, wird gemeinsam nach einer Lösung gesucht. Dabei kommt jemand auf die Idee, sich mit den „Teamtrainern" aus dem Außenkreis zu treffen. Es können jetzt entweder einzelne Teamtrainer in den Innenkreis geholt werden, da jeder Einzelne eine bestimmte Gesprächsregel vertritt, aber es könnte auch der ganze Außenkreis integriert werden. Die Teamtrainer versuchen auf die Konflikte der Gruppe A einzugehen und stellen ihre Regeln als Lösung vor.

a) Besprechen und wählen Sie schließlich gemeinsam Regeln, die in Zukunft für das gesamte Team eingehalten werden sollen.

b) Schreiben Sie die ausgewählten Regeln auf Karteikarten in Postkartengröße. Zukünftig kann jede Gruppe während der Teamarbeit die von allen akzeptierten Regeln als Unterstützung auf Karteikarten mit in den Gruppenraum nehmen.

Situationskarten für Gruppe A

Es können auch Situationen aus eigenen Erfahrungen hinzugefügt werden.

Ein Teammitglied redet Ihnen ständig rein, sobald Sie eine neue Idee aussprechen? Sie sind ärgerlich und wissen nicht, wie Sie darauf reagieren könnten, ohne die Freundschaft aufs Spiel zu setzen.

Ein Teammitglied hat das Gefühl, nie zu Wort zu kommen oder nicht ausreden zu können.

Ein Teammitglied zeigt kein Interesse an der Aufgabenstellung. Die Gruppe ist frustriert und wenig motiviert.

Ein Teammitglied macht häufig Versprechungen, hält sich aber nicht daran. Das ist um so ärgerlicher, weil sich die Gruppe darauf verlassen hat.

Ein Teammitglied möchte immer dieselbe Rolle einnehmen, weil es der Meinung ist, dass es nicht so gut schreiben bzw. formulieren kann.

Ein Mitglied fühlt sich von den anderen ausgenutzt, weil es immer Protokoll schreiben soll. Es möchte aus dieser Rolle ausbrechen, weiß aber nicht wie.

Ein Teammitglied fühlt sich für nichts verantwortlich. Die anderen ärgern sich darüber.

Ein Teammitglied fühlt sich übergangen, manchmal auch überrumpelt und oft nicht ernst genommen.

Eigene Erfahrungen

Eigene Erfahrungen

Die „klassischen“ Regeln der Themenzentrierten Interaktion (TZI) für Gruppe B

Jedes Gruppenmitglied wählt eine Regel, die er/sie beim Teamcoaching erläutert und die Vorzüge dieser Regel für eine effektive Teamarbeit herausstellt.

- **Sei Dein eigener Chairman.**
  Dies bedeutet soviel wie „übernimm die Verantwortung für Dich selbst“. Bestimme wann und was Du sagen willst und bestimme Dein eigenes Vorgehen im Blick auf die Arbeit, die Gruppe und alles, was für Dich wichtig ist. Nimm Deine Ideen, Gedanken, Wünsche und Gefühle wichtig und wähle aus, was Du den anderen anbieten kannst und um was Du bitten möchtest.

- **Störungen angemessen Raum geben.**
  Schmerzen, Abneigung oder Vorurteile können unter Umständen der aktuellen Mitarbeit in der Gruppen ebenso im Wege stehen wie große Freude, denn sie schwächen unterschwellig die Konzentration auf das eigentliche Vorhaben.
  Deshalb: Unterbrich das Gespräch, wenn Du nicht wirklich teilnehmen kannst, wenn Du gelangweilt, ärgerlich oder aus einem anderen Grund unkonzentriert bist. Die Gruppe weiß dann, was in Dir vorgeht und welchen Anteil sie daran hat.
  Werden Störungen nicht beachtet, so kann dies schwerwiegende Folgen haben, weil das Lernen oder die Arbeit be- oder sogar verhindert werden. Die Gruppe kann Störungen zwar ignorieren, wirksam sind sie trotzdem. Eine Gruppe, die die Störungen ihrer Mitglieder bearbeitet, gewinnt die scheinbar verlorene Zeit durch intensivere und konzentriertere Arbeit zurück.

- **Vertritt Dich selbst in Deinen Aussagen: Sprich per „ich“ und nicht per „man“ oder per „wir“.**
  Die verallgemeinernden Redewendungen wie z.B. „jeder weiß“, „man sagt“, „wir alle wollen“ usw. sind häufig persönliche Versteckspiele; der Sprecher übernimmt nicht die volle Verantwortung für das, was er sagt. Er versteckt sich hinter der öffentlichen Meinung oder einer behaupteten Mehrheit um sich und andere zu überzeugen.

- **Stelle möglichst nur Informationsfragen.**
  Informationsfragen sind nötig, um etwas zu verstehen. Fragen, die kein wirkliches Verlangen nach Information ausdrücken, sind unecht. Ausweichende Antworten oder Gegenfragen sind die Folge, es kommt zum Interview, statt zum Dialog. Wenn anstelle von Fragen Aussagen treten, inspiriert das zu weiteren Interaktionen. Versuche also, eigene Erfahrungen und Gedanken anzusprechen.

- **Seitengespräche haben Vorrang.**
  Sie stören und sind zugleich meist wichtig, sonst würden sie nicht geschehen. Wenn Teilnehmer Seitengespräche führen, so sind sie mit großer Wahrscheinlichkeit stark beteiligt; oder gar nicht. Es kann sein, dass ein Gruppenmitglied etwas sagen will, was ihm wichtig ist, aber gegen schnellere Sprecher nicht ankommt und Hilfe braucht, um sich in der Gruppe zu exponieren.

- **Nur einer zur gleichen Zeit.**
  Niemand kann mehr als einer Äußerung zur gleichen Zeit zuhören. Damit man sich auf verbale Interaktionen konzentrieren kann, müssen sie nacheinander erfolgen. Sofern mehr als einer gleichzeitig reden wollen, verständigt man sich in Stichworten über das, was gesagt werden soll, und über die Reihenfolge der Sprecher.

- **Sei authentisch und selektiv in Deiner Kommunikation. Mache Dir bewusst, was Du denkst und fühlst, und wähle aus, was Du sagst und tust.**
  Authentisch sein heißt, Kontakt zu den eigenen Gedanken und Gefühlen zu haben, die Auskunft darüber geben, was ich jetzt brauche, wünsche oder tun sollte. Wähle aus, was Du davon den anderen sagen oder zumuten willst. Alles, was Du sagst, sollte wahr sein, aber nicht alles, was wahr ist, muss gesagt werden.

- **Beachte die Signale Deines Körpers und achte auf solche Signale auch bei den anderen.**
  Wer die Sprache seines Körpers kennt, versteht, wie Gedanken und Aussagen von bestimmten Körpergefühlen begleitet werden und wie diese ihrerseits eine Aussage machen. Auf die Sprache des Körpers zu achten, verschafft wichtige zusätzliche Informationen über das Gesprochene und Gehörte hinaus. Körpersprache signalisiert Emotionen sehr deutlich und in der Regel eher als sie ausgesprochen werden.

- **Sprich Deine persönlichen Reaktionen aus und stelle Interpretationen so lange wie möglich zurück.**
  Sind Interpretationen inadäquat ausgedrückt, so erregen sie Abwehr und verlangsamen oder unterbrechen den Gruppenprozess. Direkte persönliche Reaktionen aber, also Gedanken und Gefühle, die das Gehörte bei Dir auslösen, führen immer zu weiteren Aktivitäten und fördern die spontane Interaktion.

Quellen: Cohn, Ruth (1991). Von der Psychoanalyse zur themenzentrierten Interaktion: Von der Behandlung einzelner zu einer Pädagogik für alle. Stuttgart: Klett-Cotta.
http://arbeitsblaetter.stangl-taller.at/KOMMUNIKATION/TZIRegeln.shtml

Hinweis

Mit dem Wissen über die TZI können Sie in Zukunft Äußerungen und Konflikte im Team viel besser einordnen. Ruth Cohn hat ein Modell erarbeitet, das leicht verständlich ist und deshalb als Kommunikationsgrundlage für jede Teamarbeit genutzt werden kann.

Jmpuls 5: Familie heute – neue Herausforderung für die Erziehung

Mutter einer Großfamilie

Bd 1, LF 3 Kap. „Familie heute"

Mein Mann und ich pellen uns aus dem Bett, um die erste Schlacht des Tages vorzubereiten: das Frühstück. Er deckt den Tisch mit Wurst, Käse, Marmeladen, während ich anfange, die Butterbrotdosen zu füllen: 14 insgesamt, denn alle sechs Kinder und mein Mann nehmen jeweils zwei Boxen mit, dazu gibt es Obst und Joghurt.

Ich schaue nach, ob die Älteren schon wach sind. Eigentlich haben sie ihre eigenen Wecker, aber sie stehen immer erst auf den letzten Drücker auf. Die Kleinen sind dagegen meist früh wach. Seit wir in einem Haus mit drei Bädern wohnen, ist der Morgen endlich entspannter. Vor allem unsere Großpubertisten (wie mein Mann und ich unsere drei Ältesten nennen) brauchen morgens ewig im Bad.

Endliche sitzen wir alle um den Tisch. Natürlich gibt es dabei das übliche Gezerre: „Das ist mein Platz" und „Ich will heute aber Müsli". Seit die Älteren später aus der Schule kommen und oft noch Nachmittags- und Abendaktivitäten haben, ist das Frühstück die einzige Mahlzeit des Tages, die wir alle gemeinsam einnehmen. Darum planen wir dann auch den Tag, tragen in die Pläne, die an der Wand hängen, die Termine ein. Ich erfahre, welche Stunden ausfallen und wann wer wo sein muss und ob noch ein Geschenk für einen Kindergeburtstag zu besorgen ist. Auch wichtige Familiendinge werden besprochen, etwa wer mit seinen häuslichen Aufgaben hinterherhinkt. Seit neuestem haben wir das Taschengeld daran gekoppelt. Wer seine Aufgaben erfüllt, bekommt dafür Punkte, wer mehr macht, zusätzliche, wer zuwenig tut, eben keine. Das funktioniert besser als vorher. In einem so großen Haushalt muss jeder mithelfen, sonst versinken wir im Chaos. Jedes Kind räumt sein Zimmer selbst auf, kann sich eintragen, um beim Aus- und Einräumen der Spülmaschine zu helfen, beim Putzen des Bades et cetera. Wir haben keine Putzfrau mehr, weil ich seit meiner Schwangerschaft nicht mehr als Sportlehrerin arbeite und es daher zu teuer wäre.

Mein Mann ist bereits mit dem Bus los zur Arbeit. Die Kinder fahren mit dem Rad in die sechs Kilometer entfernte Waldorfschule. Die Großen natürlich auf den letzten Drücker, die Kleineren, die ich begleite, früher. Da die Schule nicht in Berlin, sondern in Brandenburg liegt, kaufen wir keine Monatskarten für den Bus, weil das viel zu teuer wäre. Sind die Wege nicht befahrbar, wie häufig in diesem Winter, bringe ich die Kinder in unserem Kleinbus (einem neunsitzigen Ford-Transit mit verlängertem Heck) zur Schule. Bevor alle sitzen, gibt's oft Streit, wer wo sitzt, wer die Räder einlädt.

Wenn ich die Kinder mit dem Rad begleitet habe, fahre ich auf dem Rückweg mit unserem Hund noch einen Umweg durch den Wald. Das ist meine halbe Stunde nur für mich in der Natur. Habe ich sie mit dem Auto gebracht, fahre ich anschließend oft direkt zum Einkaufen. Einmal in der Woche mache ich einen Großeinkauf: Zwei volle Einkaufswagen sind normal und 300 Euro dann weg. Drei Brote, drei Liter Milch, 15 bis 20 Äpfel werden bei uns an einem Tag verbraucht. Frisches kaufe ich alle zwei Tage ein.

Ich lade das Auto aus und stelle die erste von drei Waschmaschinen des Tages an. Sobald eine Maschine fertig ist, packe ich die Wäsche in den Trockner und die nächste wird angestellt. Ich putze das Haus, bügele und koche das Mittagessen. Hausarbeit versüße ich mir oft, indem ich etwa ein interessantes Hörbuch dazu anstelle oder mit einer Freundin telefoniere.

Einmal am Tag fahre ich mit dem Auto zur Schule und hole die ab, die schon fertig sind. Das richtet sich nach den Jüngeren. Die anderen fahren mit dem Rad oder befreundeten Familien nach Hause. Anschließend esse ich mit den Kindern, die schon da sind. Der Tisch bleibt immer bis 17 Uhr gedeckt, weil alle zu verschiedenen Zeiten nach Hause kommen. Nachmittags geht es bei uns zu wie im Taubenschlag: Ein Kommen und Gehen. Alle Kinder lernen ein Instrument und spielen im Verein Hockey. Zu vielen Veranstaltungen fahren sie eigenständig, aber ein- bis dreimal am Tag muss ich sie fahren. Zwischendurch spiele ich mit den Kleinen, helfe bei Hausaufgaben und lasse mir vom Schultag der Älteren erzählen.

Ich esse mit den Kleineren Abendbrot. Mein Mann versucht meist auch dabei zu sein und lässt dafür oft seine Mittagspause ausfallen. Später muss er oft noch Räder reparieren. Der letzte, der eintrudelt, räumt den

Tisch ab. Die Kleineren machen sich dann bettfertig. Bis um 20 Uhr lese ich ihnen im Wohnzimmer noch vor. Das ist ein festes Ritual, zu dem wir im Winter den Kamin anmachen. Danach gehen sie ins Bett.

Spätestens jetzt muss Ruhe einkehren. Mein Mann und ich schauen kaum fern, nach einem ganzen Tag Geschnatterte brauchen wir einfach Ruhe. Wir versuchen uns, regelmäßig Abende nur für uns einzurichten, gehen dann auch mal ins Kino oder einfach mit einer Flasche Rotwein an den See. Aber oft steht anderes an: Zweimal in der Woche machen wir Sport, wir spielen beide Hockey, und ich tanze noch. Außerdem sind häufig Elternabende. Das Gute ist, dass die älteren Kinder inzwischen auf die jüngeren aufpassen können.

Anja Arnold, 40, aus Berlin-Wannsee

(Quelle: Welt am Sonntag, 23.04.2006, von Heike Vowinkel)

1 Stellen Sie sich vor, Sie sind die Mutter aus dem obigen Beispiel. Erstellen Sie für den morgigen Tag eine „To do - Liste“, in der Sie alles eintragen, was zu erledigen ist.

Schreiben Sie neben die Tätigkeiten Netto-Zeiten, d.h. wie viel Zeit benötigen Sie für welche Aufgabe?

2 Vergleichen Sie Ihre Liste mit einem Mitstudierenden.

a) Kennzeichnen Sie erzieherische Tätigkeiten der Mutter mit einem grünen Stift und hauswirtschaftliche Tätigkeiten mit einem roten Stift. Tragen Sie diese in die Tabelle ein.

Erzieherische Tätigkeiten	Hauswirtschaftliche Tätigkeiten

b) Erstellen Sie eine Wandzeitung, in der Sie darstellen, für welche erzieherischen Tätigkeiten die Mutter wie viel Zeit hat.

c) Stellen Sie die Wandzeitungen im Klassenplenum vor.

3 Sechs Kinder – Realität oder Seltenheit?

a) Überlegen Sie in Einzelarbeit, welche Fragen Sie zum Thema Familie heute haben. Notieren Sie je eine Frage in einer Sprechblase.

b) Überlegen Sie, woher Sie fachliche Antworten auf Ihre Fragen bekommen können. Lesen Sie hierzu in Kein Kinderkram, Bd. 1 das Kapitel *Familie heute* nach.

c) Beantworten Sie Ihre Fragen und verfassen Sie einen Artikel an die Tageszeitung Ihrer Stadt zum Thema „Familien heute".

d) Suchen Sie sich einen Studierenden als „Lektor" aus und lesen Sie gegenseitig Ihre Artikel durch. Wo sind Formulierungen unklar? Was ist gut gelungen?

Geben Sie sich anschließend eine Rückmeldung über die Artikel.

Jmpuls 6: Jnterkulturelle Kompetenz in der Arbeit mit Kindern

Bd 1, LF 3
Kap.
„Jnter-
kulturelle
Erziehung"

Das Bild entstand in einer Erzieheroberstufen-Klasse im Jahr 2006 im Rahmen einer interkulturellen Lernsituation. Die Studierenden sind für zwei Stunden mit Kopftuch durch die Stadt gegangen.

1 Warum haben die Studierenden einer Erzieheroberstufen-Klasse dieses Experiment gewagt? Was war ihre Absicht? Was wollten Sie lernen? Schreiben Sie Ihre Vermutungen auf.

2 Drehen Sie sich zu Ihrem linken Nachbarn um und vergleichen Sie Ihre Vermutungen.

Ergänzen Sie Ihre Aufzeichnungen mit einem anders farbigen Stift.

Hinweis

Ziel des Experimentes war das Weiterentwickeln des individuellen Verständnisses anderer Kulturen und das Erlernen interkulturellen Kompetenz.

3 Welche Kompetenzen sollte eine Erzieherin besitzen, um eine gelingende interkulturelle Arbeit durchführen zu können? Schreiben Sie alle Fähigkeiten auf, die aus der Sicht der Fachliteratur dazugehören.

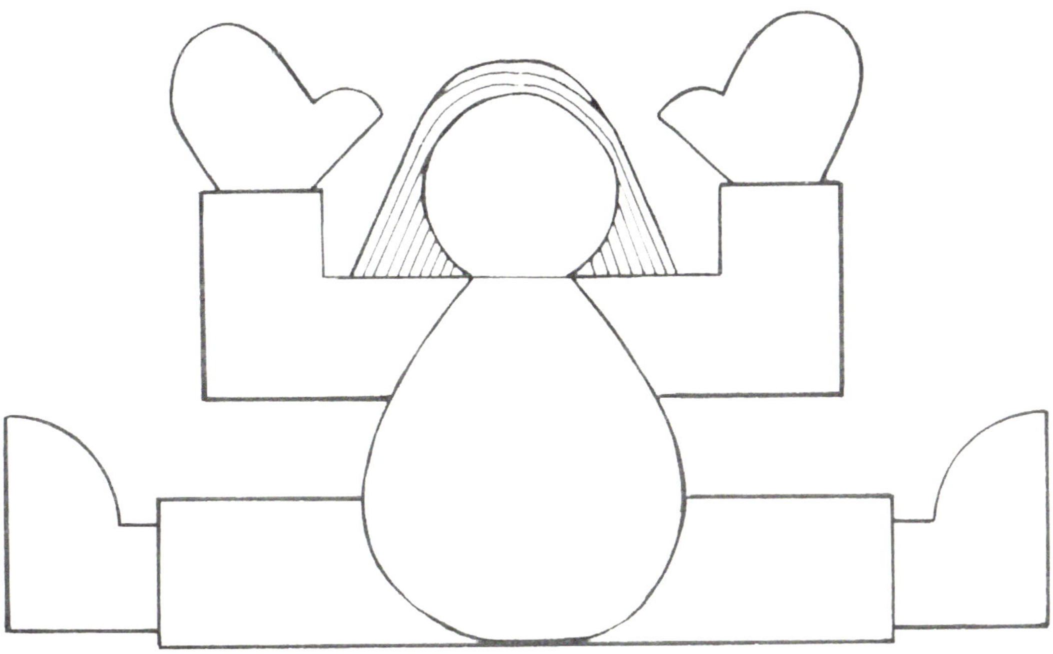

4 Suchen Sie sich eine Partnergruppe, mit der Sie zusammenarbeiten wollen.

a) Vergleichen Sie Ihre „interkulturellen Erzieherinnen“ und ergänzen Sie Elemente der anderen Gruppe, die Sie auch für wichtig halten.

b) Vergleichen Sie dann Ihre Männchen mit den Bestandteilen der Checkliste für den Qualitätsbereich „Interkulturelles Lernen“ aus dem Nationalen Kriterienkatalog von Prof. W. Tietze (2005). Im Folgenden werden nur Auszüge aus dem Text dargestellt. Alle Bereiche finden Sie in der genannten Checkliste.

c) Markieren Sie Bereiche, die Sie bereits benannt haben, grün.

Folgende Bereiche werden hier genannt (Auszüge):

- Informationen auf Deutsch und in den Familiensprachen der Kinder geben
- Erzieherin übt keinen Druck auf Kinder anderer Kulturen aus, deutsch zu sprechen.
- Erzieherin zeigt Wertschätzung gegenüber der Sprache und Kultur der Kinder.
- Erzieherin beobachtet auch nonverbale Ausdrucksformen von Kindern aus anderen Herkunftsländern.
- Erzieherin zeigt Interesse daran, dass Kinder aus anderen Kulturen Geschichten aus ihren Ländern erzählen.
- Erzieherin ermöglicht Kindern, sich mit Kindern der selben Kultur in ihrer Familiensprache zu verständigen.
- Erzieherin spricht mit Kindern über ihre Herkunftskulturen.
- Erzieherin bezieht die unterschiedlichen Kulturen und Lebenswelten aller Kinder in die Planung des Alltags mit ein.
- Erzieherin begleitet ihre Sprache durch Handlungen.
- Erzieherin plant für Kinder aus anderen Kulturen sprachfördernde Angebote.
- Erzieherin arbeitet eng mit den Familien aus anderen Ländern zusammen.
- Erzieherin kennt die Namen aller Kinder, kann diese korrekt aussprechen und kann die Kinder in der Familiensprache begrüßen.
- Erzieherin führt interkulturelle Angebote durch.
- Erzieherin ist informiert, welche Sprache für das Kind die vertrauteste ist.
- Erzieherin bietet gleichwertige Speisen an, die kulturell und religiös zulässig sind.
- Erzieherin bietet Bilderbücher, Hörspielkassetten, Märchen aus anderen Kulturkreisen an.
- Erzieherin vereinbart mit den Kindern feste Zeiten, in denen deutsch gesprochen wird.
- Erzieherin respektiert die Meinungen, Vorstellungen, Interessen und Bedürfnisse aller Kinder.
- Erzieherin plant und feiert gemeinsam mit Eltern und Kindern Feste aus allen in der Gruppe vertretenen Religionen und Kulturen.
- Erzieherin achtet darauf, dass Eigenheiten und Rituale von Kindern aus anderen Herkunftsländern von deutschen Kindern wertgeschätzt werden.

(Quelle: W. Tietze (Hrsg.): Pädagogische Qualität entwickeln. Beltz Verlag, 2005)

4 Entwickeln Sie aus Ihren Aufzeichnungen und den weiteren Informationen ein Anforderungsprofil an eine Erzieherin. Stellen Sie sich dazu folgende Situation vor:

Sie sind Träger einer Tagesstätte für Kinder. Ihre Einrichtung liegt in einem Stadtteil mit vielen Familien aus anderen Herkunftsländern. Sie wollen eine Erzieherin einstellen, die den Anforderungen an die interkulturelle Arbeit in Ihrer Einrichtung gerecht wird. Sie werben in der überregionalen Presse mit einer Annonce.

Entwickeln Sie in Ihrer Gruppe eine Zeitungsannonce, die deutlich macht, welches Anforderungsprofil Sie an die zukünftige Mitarbeiterin haben.

5 Hängen Sie alle Ihre Zeitungsannoncen in der Klasse auf.

a) Vergleichen Sie die Anforderungen.
b) Suchen Sie in der nächsten Ausgabe Ihrer regionalen Zeitung nach Stellengesuchen für Erzieherinnen. Bringen Sie diese mit in den Unterricht und vergleichen Sie in der Klasse Ihre selbst geschriebenen Anzeigen mit denen des realen Stellenmarktes.
c) Welche Gemeinsamkeiten finden Sie?
d) Worin bestehen Unterschiede?

6 Überlegen Sie, ob Sie sich auf eine solche Stellenanzeige als interkulturell kompetente Erzieherin bewerben könnten.
Machen Sie sich dazu Notizen.

Damit kann ich glänzen...

Das sollte ich noch lernen...
Schreiben Sie in die Wolken, was und wie Sie diese Dinge lernen können!

Impuls 7: Sprache fördern – Eltern bilden

Hanife und ihre Mutter

Bd 1, LF 3 Kap. „Interkulturelle Bildung"

Laura hat sich für das Praktikum in der Oberstufe eine Kindertagesstätte der Arbeiterwohlwahrt ausgesucht. Sie liegt in einem Stadtteil mit hohem Erneuerungsbedarf und der Anteil der Familien mit Migrationshintergrund ist hoch. Sie ist schon eine Woche in der Einrichtung und hat sich gut eingelebt. Heute kommt ein neues Kind zur Eingewöhnung. Sie heißt Hanife und ist 3;3 Jahre alt. Laura hat die Erzieherin über Hanife ausgefragt. Wo kommt Hanife her, hat sie Geschwister?

Frau Reinert, ihre Anleiterin, erzählt, dass Hanife noch vier ältere Geschwister hat und ihre Eltern aus der Türkei kommen. Hanife ist in Deutschland geboren. Sie wurde von ihrem Vater, der ganz gut deutsch spricht, in der Tageseinrichtung angemeldet.

Es ist 9 Uhr und Laura sieht, wie Hanife mit ihrer Mutter über den Hof kommt. Frau Reinert begrüßt beide sehr freundlich. Sie geht auf Augenhöhe mit Hanife und fragt sie, ob sie sich freut in den Kindergarten zu kommen.

Hanife sagt nichts, die Mutter lächelt. Frau Reinert fragt Hanife, ob sie Hausschuhe dabei hat. Hanife weint und versteckt sich hinter ihrer Mutter. Die Mutter sagt: „Ja, Socken" und bittet Hanife auf türkisch die Schuhe auszuziehen. Hanife zieht die Schuhe aus und steht in Socken vor Frau Reinert. „Es wäre gut, wenn Sie Morgen Hausschuhe für Hanife mitbringen können", sagt Frau Reinert zu der Mutter. Diese sagt nichts.

Frau Reinert fragt Hanife, ob sie mit in den Gruppenraum kommen möchte. Hanife nimmt die Hand der Mutter und geht mit. Alle drei stehen jetzt im Gruppenraum. Zwei Mädchen kommen und fragen, wer das ist. Hanife sagt nichts, guckt aber interessiert zu, was die beiden Mädchen machen. Sie spielen nun ein Spiel mit Laura.

Nach zwanzig Minuten weint Hanife nicht mehr und Frau Reinert fragt die Mutter, ob Hanife eine Stunde alleine in der Einrichtung bleiben kann. „Ja", sagt die Mutter, verabschiedet sich auf türkisch von Hanife und Frau Reinert. Sie bleibt im Eingangsbereich der Tageseinrichtung stehen. Frau Reinert kümmert sich um Hanife, die sich zu Laura und den beiden Mädchen traut.

Nach einiger Zeit muss Laura etwas aus der Küche holen und sieht Hanifes Mutter im Eingangsbereich warten. Laura wundert sich, warum die Mutter dort steht und fragt Frau Reinert.

Diese schlägt Hanifes Mutter vor, solange einkaufen zu gehen und dann in einer Stunde wieder zu kommen. „Nein, warten auf Hanife", sagt die Mutter, „Hanife nicht alleine hier kann." Frau Reinert ist ratlos.

Kompetenzen der Erzieherin

1 Mutter und Tochter finden sich gerade in der deutschen Sprache zurecht. Auch Fragen der Erziehung sind für die Mutter offen. Alles ist neu, die Tageseinrichtung, die vielen Kinder und die Erzieherinnen. Zu Hause habe sie bisher fast nur Türkisch gesprochen und Hanife kann nur wenig Deutsch.

a) Überlegen Sie, wie Mutter und Kind die neue Situation erleben und welche Leistungen sie erbringen müssen, um sich an die neue Situation zu gewöhnen.

b) Wie kann die Erzieherin beiden den Übergang in die Tagesstätte erleichtern?

Das erlebt die Mutter...	Das erlebt Hanife...	Das kann die Erzieherin tun...

2 Suchen Sie sich einen Partner, der im gleichen Monat wie Sie Geburtstag hat.

a) Tauschen Sie sich über Ihre Tabellen aus.

b) Benennen Sie Handlungsweisen und Kompetenzen, die eine Erzieherin besitzen sollte, um Eltern und Kindern mit Migrationshintergrund den Einstieg in die Tageseinrichtung zu erleichtern.

Das kann die Erzieherin zur Unterstützung von Mutter und Kind tun...

3 Skizzieren Sie gemeinsam die „Interkulturelle Erzieherin".

Hinweis

Die Erzieherin sollte lebensgroß sein. Verwenden Sie die Rückseite einer Tapetenrolle oder große Malblätter. Malen Sie die Erzieherin und schreiben Sie die gewünschten Kompetenzen um sie herum.

a) Wie sieht Ihre interkulturelle Erzieherin aus?

b) Welche Kompetenzen sollte sie besitzen?

c) Welche Sprache spricht sie?

4 Hängen Sie Ihre Erzieherinnen-Skizzen auf und besprechen Sie Unterschiede und Gemeinsamkeiten.

5 Welche Kompetenzen hätten Sie davon selbst gerne in Ihrer Kindergartentasche?

a) Schreiben Sie die gewünschten Kompetenzen von den Bildern ab und überlegen Sie, wie Sie diese erwerben können.

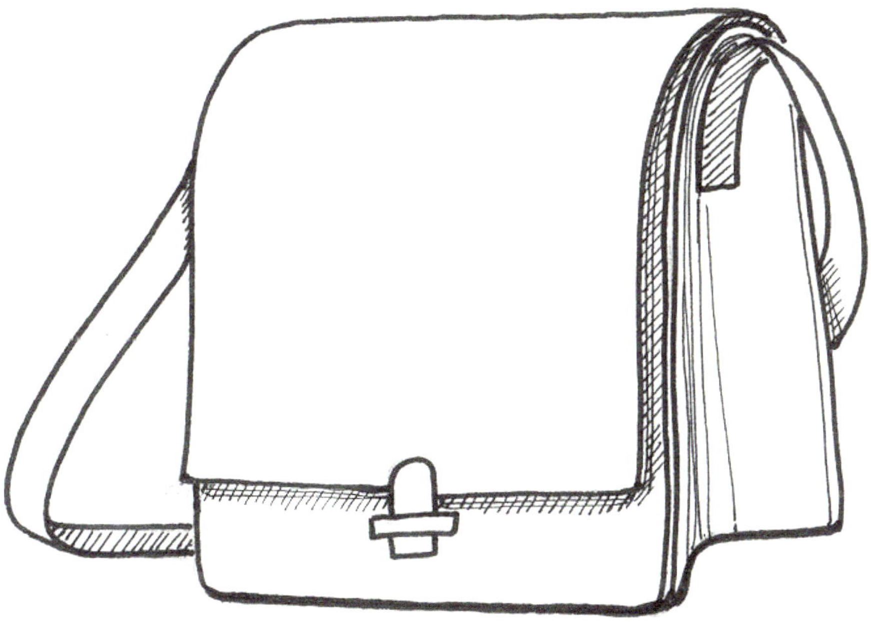

b) Das kann ich tun, um die gewünschten Kompetenzen zu erreichen:

Kompetenzen	Maßnahmen
×	
×	
×	
×	
×	
×	
×	
×	

Konzepte zur Sprachförderung und Elternbildung im Elementarbereich

6 Im Folgenden finden Sie Beispiele für unterschiedliche Konzepte der Elternbildung.

Elementarerziehung — Rucksack 1

Mütter und Erzieherinnen werden Partner für die Sprachförderung der Kinder.

Rucksack-Projekt

Ein Konzept zur Sprachförderung und Elternbildung im Elementarbereich

Durch die gesamte Schullaufbahn vieler Kinder aus Zuwandererfamilien zieht sich die Feststellung, dass ihre Sprachkenntnisse in Deutsch unzureichend sind. Für den Erfolg in der Zweitsprache kommt der Erstsprache aber eine große Bedeutung zu. Verfügt ein Kind in seiner Muttersprache über ausgebildete Sprachstrukturen, so kann es auch eine Zweitsprache erfolgreich erlernen.

Entwicklungsphasen der Kinder nutzen

Die Kleinstkindforschung hat uns in Zusammenarbeit mit der Hirnforschung Erkenntnisse ver-
mittelt, dass früh, aber nur kurzzeitig geöffnete Zeitfenster für das optimale Aufnehmen von
Sprache(n) dafür sprechen, die pädagogischen Anstrengungen zu intensivieren und zwischen
Familie und Bildungseinrichtung aufeinander auszurichten, um Kindern so früh wie möglich
Sprache(n) zu vermitteln. Dieser Lernprozess ist nicht auf eine Sprache begrenzt. Die optimalen
Lernphasen enden aber früh. So genannte Entwicklungsfenster bestimmen, welche Fähigkeiten
ein Kind wann erlangt. Nach drei Jahren endet der erste Entwicklungsschub, der zweite geht
bis zur Pubertät. Entscheidend für die Zukunft eines Kindes ist also, was es in den ersten Jah-
ren erlebt, um daraus zu lernen. Verpasste Momente für den Spracherwerb beispielsweise las-
sen sich nur sehr schwer nachholen. Kinder brauchen also eine an Entwicklungsverläufen ori-
entierte Gestaltung von Bildungs- und Lernmöglichkeiten. Sie benötigen für ihre Entwicklung
Anregungen und Erwachsene, die sich um sie kümmern.

RAA

Arbeit mit Eltern — Griffbereit 1

Mütter in ihrer Sozialisationskompetenz stärken.

Mit "Griffbereit" fit für die Zukunft:

zugewanderte Mütter stärken ihre Kinder

Für die Gestaltung von Entwicklungs- und Lernmöglichkeiten

Die Kleinstkindforschung in Zusammenarbeit mit der Hirnforschung hat viele neue Erkenntnisse gebracht. Ein Kleinkind hat alle seine Sinne auf Empfang gestellt, ist begierig, die Eindrücke, denen es ausgesetzt wird, zu sortieren, zu beurteilen, zu begreifen. Die Kinder lernen Interesse geleitet. Sie folgen dem Bedürfnis, den eigenen Handlungsraum und das eigene Verstehen auszuweiten. In keiner anderen Lebensphase lernt der Mensch mit gleicher Intensität und Geschwindigkeit wie im Kleinkindalter.

So genannte Entwicklungsfenster bestimmen, welche Fähigkeiten ein Kind wann erlangt. Die optimalen Lernphasen enden jeweils sehr früh. Nach drei Jahren endet der erste Entwicklungsschub, der zweite endet etwa mit der Pubertät.

Entscheidend für die Zukunft eines Kindes ist also, was es in den ersten Jahren erlebt, um daraus zu lernen. Verpasste Momente beispielsweise für den Spracherwerb oder für feinmotorische Bewegungen lassen sich nicht in gleicher Qualität nachholen.

Kinder brauchen eine an ihren Entwicklungsverläufen orientierte Gestaltung von Bildungs- und Lernmöglichkeiten. Sie brauchen für ihre Entwicklung Anregungen und Erwachsene, die sich kümmern.

RAA Regionale Arbeitsstellen zur Förderung von Kindern und Jugendlichen aus Zuwandererfamilien

Quelle: www.raa.de

frühstart
Deutsch und interkulturelle Erziehung im Kindergarten

Quelle: www.projekt-fruehstart.de

Mo.Ki
Monheim für Kinder

Quelle. www.monheim.moki.de

a) Sie finden hier nur eine kleine Auswahl von Konzepten zur Elternbildung und Sprachförderung. Machen Sie sich im Internet kundig, welche Konzepte es noch gibt.
b) Entscheiden Sie sich für ein Konzept, das Sie bearbeiten wollen.
c) Schreiben Sie den Namen des Konzeptes auf eine Karteikarte.

d) Stellen Sie im Plenum die ausgewählten Konzepte vor.
e) Gehen Sie nach folgendem Plan des „Expertenpuzzles“ vor.

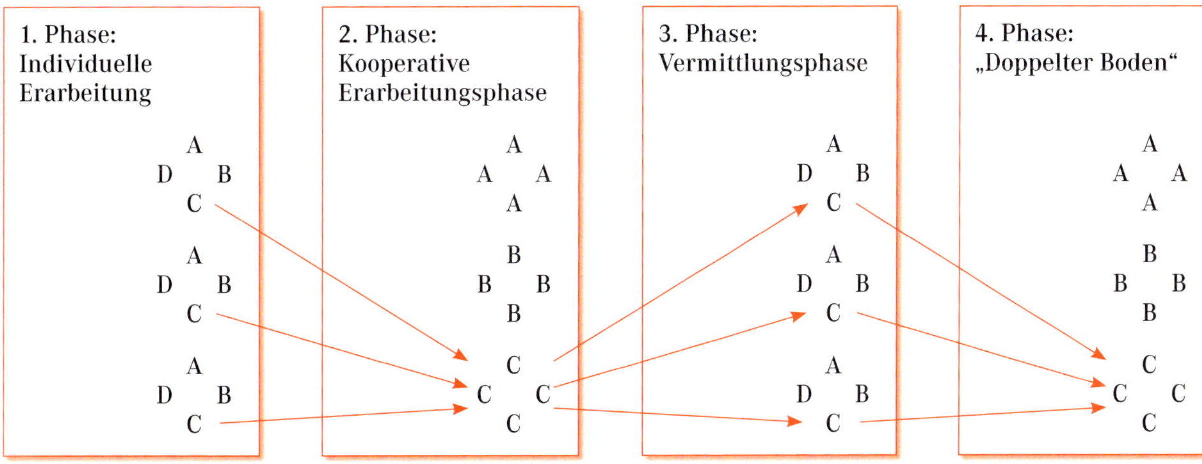

Expertenpuzzle

1. Phase „Individuelle Erarbeitung“
- Jeder eignet sich ein Themengebiet individuell an.
- Überlegen Sie dabei:

a) Was sind die zentralen Informationen, die die Mitstudierenden bekommen sollten?
b) Wie kann ich die Vermittlung unterstützen (Methoden, Zeit, Hilfsmittel)?
c) Wie sollen Ergebnisse gesichert werden?

2. Phase „Kooperative Erarbeitungsphase“
- Bilden Sie Expertengruppen und vergleichen Sie Ihre Ergebnisse.
- Einigen Sie sich zu den Fragen aus Phase 1.

3. Phase „Vermittlungsphase“
- Experte A stellt sein Konzept vor, erläutert und beantwortet Fragen.
- Experte sorgt für die Sicherung der Informationen.
- Die Experten B, C und D folgen entsprechend.

4. Phase „Doppelter Boden“
Die Studierenden gehen in ihre ersten Expertengruppen zurück. Dort werden letzte Wissenslücken geschlossen und aus den Gruppenarbeiten berichtet.

7 a) Reflektieren Sie die Methode des Expertenpuzzles:
- Welche Erkenntnisse haben Sie aus den dargestellten Konzepten gezogen?
- Was kann dies für Ihre pädagogische Arbeit bedeuten.

b) Besprechen Sie die Methode des Expertenpuzzles.
- Was hat Sie weitergebracht?
- Was fanden Sie noch schwierig?

Jmpuls 8: Freispiel gestalten

Bd 1, LF 3
Kap.
„Freispiel"

1 Freies Spiel für Kinder?!

a) Schreiben Sie alles auf, was Kinder in dem Kindergarten auf dem Foto in der Freispielzeit tun können.

b) Schreiben Sie nun alles auf, was Kinder hier in der Freispielzeit **nicht** tun können.

2 Tauschen Sie Ihr Ergebnis mit einem Studierenden Ihrer Klasse aus. Schreiben Sie Ihre Sammlung in die jeweiligen Kreise.

Das können Kinder hier erleben...

Das ist nicht möglich...

3 Suchen Sie sich eine weitere Zweiergruppe aus. Stellen Sie sich gegenseitig die Ergebnisse in Ihren Kreisen vor.

a) Stellen Sie gemeinsam einen Forderungskatalog auf, was Kinder im Freispiel erleben und tun sollen! Nehmen Sie dabei auch immer wieder die Sichtweise von Kindern in der Kindertagesstätte ein.

b) Stellen Sie Ihre Forderungen in Form eines Werbeplakates für eine Kindertagesstätte mit „optimalem Freispiel für alle Kinder“ dar.

c) Stellen Sie im Klassenplenum Ihre Plakate vor und suchen Sie das beste Plakat aus. Begründen Sie Ihre Wahl.

4 „Der Raum als dritter Erzieher“

a) Im Freispiel und pädagogischen Alltag spielt die Gestaltung des Gruppenraumes eine entscheidende Rolle. Überlegen Sie in Einzelarbeit, wie Sie als Erzieher/in sich einen Raum wünschen, in dem ein Freispiel gelingen kann.

b) Zeichnen Sie Ihre Ideen in die folgende Bauzeichnung ein.

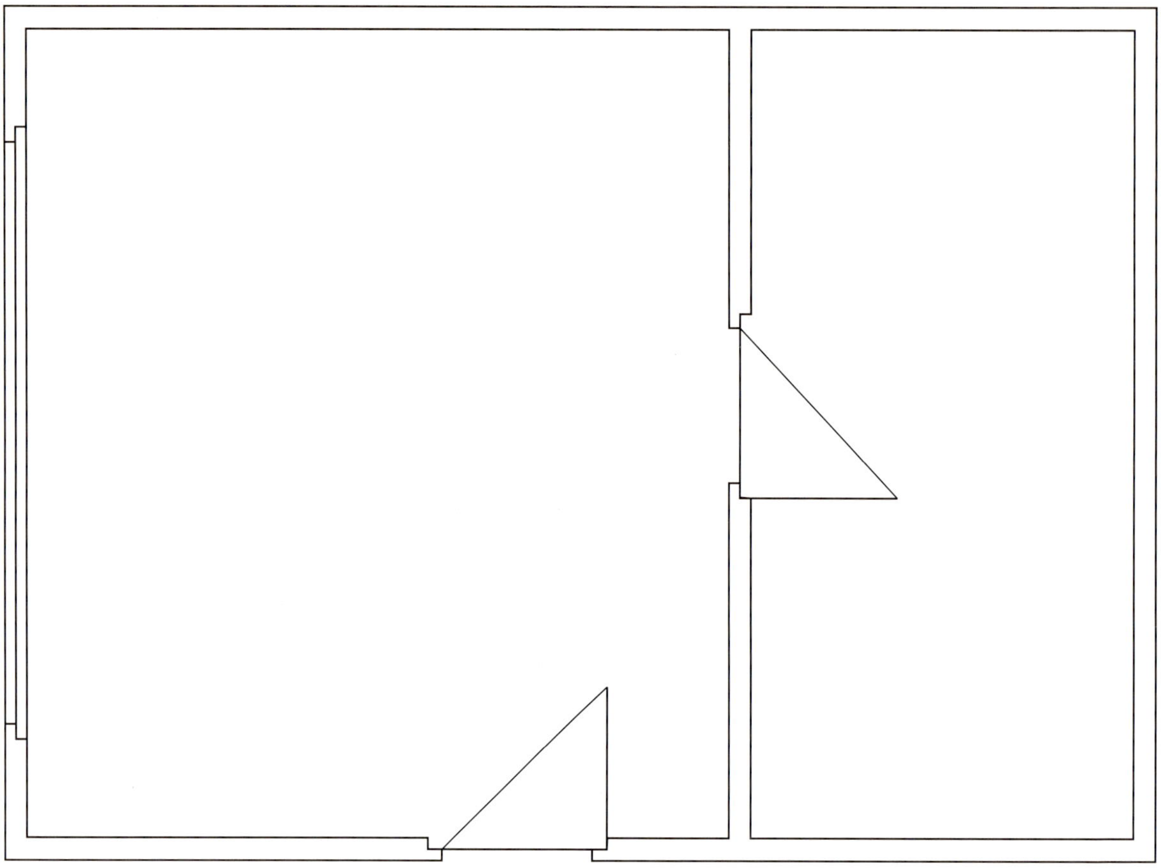

c) Gestalten Sie Ihren Gruppenraum farbig und benennen Sie die Spielbereiche. Schreiben Sie pro Spielbereich eine Stichwortliste, welche Erfahrungen die Kinder dort machen können.

Spielbereich...		

d) Gestalten Sie mit allen Zeichnungen aus Ihrer Klasse eine Ausstellung.

5 Schauen Sie sich die Ausstellung noch einmal genau an.

a) Schreiben Sie in Einzelarbeit fünf Punkte auf, die Sie später als Erzieher/in im Raumkonzept Ihrer Gruppe umsetzen wollen.

„So soll mein Gruppenraum gestaltet werden"

1. ______________________________

2. ______________________________

3. ______________________________

4. ______________________________

5. ______________________________

b) Tauschen Sie sich mit einem Mitstudierenden aus. Wo haben Sie Übereinstimmungen? Welche Idee können Sie überhaupt nicht nachvollziehen?

c) Überlegen Sie dann, wo Sie diese Liste aufbewahren wollen, schließlich sollen Sie sie ja bei Bedarf wiederfinden.

6 „Regeln bestimmen die Grenzen des Freispiels"
Für ein gelingendes Miteinander muss es Regeln geben, so auch im Freispiel.

a) Schreiben Sie sieben Regeln auf, die Sie für ein gelingendes Freispiel wichtig finden.

1. ______________________________

2. ______________________________

3. ______________________________

4. ______________________________

5. ______________________________

6. ______________________________

7. ______________________________

b) Suchen Sie sich einen Partner/ eine Partnerin. Stellen Sie sich gegenseitig die Regeln vor und einigen Sie sich auf fünf gemeinsame Regeln für ein gelingendes Freispiel.

1. ______________________________

2. ______________________________

3. ______________________________

4. ______________________________

5. ______________________________

7 Teilen Sie Ihre Klasse in zwei möglichst gleich große Gruppen auf. Achten Sie darauf, das die vorherigen Paare zusammenbleiben.

a) Stellen Sie die Ergebnisse Ihrer Partnerarbeiten vor.

b) Einigen Sie sich dann in den beiden Gruppen auf maximal fünf Regeln für das Freispiel.

1. ______________________________

2. ______________________________

3. ______________________________

4. ______________________________

5. ______________________________

c) Hängen Sie beide Regelkataloge auf und vergleichen Sie diese miteinander.

d) Kopieren Sie beide Vorlagen und überprüfen Sie im nächsten Praktikum, welche Regeln in Ihrer Praktikumsstelle bestehen.

8 „Und was macht das pädagogische Personal während des Freispiels?“

a) Sie haben in Kein Kinderkram Bd. 1 sehr aufmerksam das Kapitel „Freispiel“ gelesen. Vervollständigen Sie in Einzelarbeit das folgende Schaubild.

b) Benennen Sie geeignete Methoden, wie Kindern das freie Spiel ermöglicht werden kann und finden Sie Handlungsweisen, wie die Erzieherin die einzelnen Aspekte unterstützen kann.

Freispiel bedeutet freie Wahl von	Methoden der Umsetzung	Handlungsweisen der Fachkraft
Spielort		
Spiel-Partner und Beziehung		
Material		
Spielinhalt und Spielverlauf		
Dauer, Zeitpunkt, Tempo		

c) Suchen Sie sich einen Partner aus, mit dem Sie in den letzten Tagen noch nicht viel zusammen gearbeitet haben. Stellen Sie sich gegenseitig Ihre Schaubilder vor und ergänzen Sie Ihre Ideen mit einem anders farbigen Stift.

d) Nehmen Sie beide eine Karteikarte und schreiben Sie auf, worauf Sie im nächsten Praktikum im Freispiel besonders achten wollen.

e) Stellen Sie in der Klasse Ihren individuellen Beobachtungsauftrag vor und begründen Sie Ihre Auswahl.

f) Notieren Sie sich einen Aspekt eines Mitstudierenden, auf den Sie auch achten wollen.

g) Bringen Sie nach dem nächsten Praktikum beide Aufträge wieder mit in die Schule und berichten Sie, was Sie beobachten konnten und welche Handlungsweisen Sie erprobt haben.

Impuls 9: Kinder unter drei Jahren in Tageseinrichtungen

„Ein ganz normaler Tag“

Es ist 9.25 Uhr in der Wichtelgruppe. Am Frühstückstisch sitzen Emma (18 Monate) und Paul (2;2). Sie frühstücken miteinander. Emma versucht gerade an der Farbe ihrer Finger zu erkennen, was für eine Marmelade auf ihrem Brot ist. Paul versucht Emma einen kleinen Teil ihres Brotes wegzunehmen.

Alexander (11 Monate) wird gerade von seiner Mutter in die Einrichtung gebracht. Er krabbelt in die Gruppe und lächelt. Seine Mutter kommt hinter ihm her, küsst ihn und verabschiedet sich von ihm. 10 Sekunden später weint er bitterlich, weil ihm bewusst wird, dass seine Mutter gegangen ist. Die Kinderpflegerin Astrid ist seine Bezugsperson und kümmert sich um ihn.

In der Bauecke spielen die beiden „Großen“. Max (2;7 Jahre) und Leon (2;9 Jahre) bauen aus Bausteinen einen hohen Turm. Merlinda (13 Monate) krabbelt genau auf diesen Turm zu. Aus dem Blickwinkel heraus sehen sie die Gefahr, laufen schnell hin und nehmen Merlinda auf den Arm. Merlinda erschreckt sich und weint.

Es fällt Ihnen auf, dass die ganz jungen Kinder in der Gruppe kaum einen sicheren Ort zum Krabbeln haben.

Emma müsste dringend Hände waschen, die sind so rot wie die Erdbeermarmelade. Aber soll sie wirklich wieder alleine in den Waschraum – der war gestern schon überflutet.

Marie (8 Monate) liegt zufrieden auf ihrer Krabbeldecke und spielt mit der Glöckchenrassel. Gegen 10.00 Uhr wird sie immer sehr quengelig und müde. Dann muss sie gewickelt und hingelegt werden.

Merlinda ist immer noch auf Ihrem Arm. Es ist mittlerweile kurz vor 10.00 Uhr. Ihre Anleiterin sitzt mit Madina (15 Monate) im Schlafraum und versucht, diese zum Einschlafen zu bringen. Madina weint nach ihrer Mama und heute kann auch der Kuschelhase nicht beim Einschlafen helfen. Frau Walter hat wirklich schon alles versucht.

Emma ruft, sie sei fertig mit dem Frühstück. Sie nehmen Emma an die klebrige Hand, setzen Merlinda bei Alexander und der Kinderpflegerin ab und gehen in den Waschraum. Emma liebt Wasser und würde gern stundenlang damit spielen. Aber geht das denn?

Max und Leon toben jetzt durch den Gruppenraum. Hier stehen wirklich zu viele Stühle und Tische – Frau Walter wollte den Raum schon lange umstellen.

1 Die Aufgaben einer Erzieherin in der Gruppenarbeit mit Kindern unter drei Jahren sind vielfältig.

a) Welche Aufgaben können Sie aus dem obigen Beispiel ableiten?

b) Welche weiteren Aufgaben vermuten Sie?

c) Schreiben Sie alle Aufgaben auf.

2 Vergleichen Sie die benannten Aufgaben.

a) Ordnen Sie die Aufgaben den Bereichen der Tabelle zu.

b) Ergänzen Sie noch fehlende Aufgaben aus den Bereichen.

Welche pädagogischen Aufgaben gibt es?

Welche pflegerischen Aufgaben gibt es?

Wie und wo geschieht Bildungsarbeit?

Wie kann der Raum und der Tagesablauf gestaltet werden?

Wie sollte die Elternarbeit gestaltet werden?

3 Wählen Sie einen Bereich aus, den Sie weiterbearbeiten wollen.

4 Suchen Sie eine Zweiergruppe, die den gleichen Bereich wie Sie zur Weiterarbeit ausgewählt hat.

Gehen Sie nach folgendem Verfahren vor.

a) Sammeln Sie alle Stichworte für den ausgewählten Bereich, die Sie dem Klassenplenum vermitteln wollen. Dies sollten nicht mehr als zehn Stichworte sein.

b) Erstellen Sie zu Ihren Stichworten eine menschliche Diashow. Beachten Sie dazu den Methodenhinweis.

Methodenhinweis

Bei der menschlichen Diashow werden Stichworte als Standbilder dargestellt. Es können pro Standbild beliebig viele Personen beteiligt sein. Wichtig ist, dass die Zuschauer die Bedeutung des Begriffes erkennen können. Die Standbilder sollten sich möglichst aufeinander beziehen und eine sinnvolle Reihenfolge bilden.

5 Stellen Sie Ihre Diashows vor.

a) Überlegen Sie, welche Begriffe dargestellt werden.

b) Welche Bedeutung haben diese Begriffe bzw. Bereiche in der Arbeit mit Kindern unter drei Jahren?

c) Welche Konsequenzen hat das für Ihre Ausbildung?

6 Ziehen Sie für sich selber Schlussfolgerungen aus den Darstellungen.

a) Was wollen Sie noch lernen? Beschränken Sie sich zunächst auf maximal drei „Lernwünsche".

b) Woher können Sie dieses Wissen erhalten?

Das will ich lernen		Hier kann ich mich informieren
	→	
	→	
	→	